3500 palavras em árabe

3500 palavras em árabe

© 2009 Thierry Belhassen

Capa e projeto gráfico
Paula Astiz

Editoração eletrônica
Laura Lotufo / Paula Astiz Design

Ilustrações
Lydia Megumi

Dados Internacionais de Catalogação na Publicação (CIP)
(Câmara Brasileira do Livro, SP, Brasil)

Belhassen, Thierry
  3500 palavras em árabe / Thierry Belhassen. – Barueri, SP : DISAL, 2009.

  ISBN 978-85-7844-030-5

  1. Árabe – Vocabulários e manuais de conversação – Português I. Título.

09-05572   CDD-492.78342169

Índices para catálogo sistemático:
1. Guia de conversação árabe-português : Linguística 492.78342169

Todos os direitos reservados em nome de:
Bantim, Canato e Guazzelli Editora Ltda.
Al. Mamoré, 911, sala 107, Alphaville
06454-040, Barueri, SP
Tel./Fax: (11) 4195-2811

Visite nosso site: www.disaleditora.com.br
Vendas:
Televendas: (11) 3226-3111
Fax gratuito: 0800 7707 105/106
E-mail para pedidos: comercialdisal@disal.com.br

Nenhuma parte desta publicação pode ser reproduzida, arquivada nem transmitida de nenhuma forma ou meio sem permissão expressa e escrita da Editora.

SUMÁRIO
MULAKHAS

VIAGENS RAHALAT 9

De Avião *fe el tayarah* 9
De Barco *fe el markeb, fe el qareb* 13
De Trem *fe el qetar* 14
De Carro *fe el sayarah, el arabeyah* 16

FÉRIAS AYAAD, EJAZAT 20

No Hotel *fe el funduq* 20
No Restaurante *fe el mataam* 21
Comida *taam, ghezaa, akl* 23

COMPRAS TASAWQ 30

Roupas *malabes, hedoum* 32
Som *saut* 36
Livros *kotob* 37
Tabaco *tabgh, measil* 39
Lavanderia *ghaseel, gassalah, maghsalah* 39
Fotografia *tasweer* 40
Jóias *mojawharat, maswoghat* 41
Correio e Telefone *maktab el bareed, altelefon, el hatef* 42
Supermercado *Supermarket* 44
Papelaria *qertaseyah* 44
Drogaria *saydaleyah, ajzakhanah* 45
Ferragens *modeat, ajhezah* 46
Flores *zhour, weroud* 47

NA PRAIA FE EL SHATEE, EL MASYAF 49

NA MONTANHA FI ELJABALL 52

NA RUA FE EL SHAREE 54

Diversões *tarfeeh, tasleyah* 56

NO CAMPO FI EL BELAD 59

Pomar *bostan* **60**
Floresta *ghabat, heraj* **61**
Tempo e Estações *taqs, waqt, fisol AL seni* **62**
Animais *hayawanat* **65**
Animais Selvagens *hayawanat barreyah* **66**

NO TRABALHO FI EL SHOGHEL 71

Na Escola *fi elmadrasah* **71**
Números *arqaam, aadad* **73**
Negócios *amal tojareyah, tijarah* **75**

A MÍDIA ILAAM, WASAEL ELAAM 79

POLÍTICA SEYASAH 82

CRIME E CASTIGO JARIMAH WA IQAB 85

GUERRA E PAZ HARB WA SALAM 88

O DIA A DIA YOOM BAD YOOM 91

Casa *manzil* **91**
Móveis e Acessórios *asas, molhaqat* **93**
Família e Amigos *osrah wa asdiqaa,
   aelah wa ashab* **96**

LAZER TARFEEH, AWQAT FARAG 99

Festas *mahrajan, haflah* **99**
Esportes e Jogos *reyadah, alaab* **100**

SAÚDE SEHAH 105

Corpo *jism, jasad* **105**
Doenças *amrad* **109**
Acidentes e Morte *hawades wa maowt, wafah* **111**
Sentidos *hawas* **112**
Coração e Mente *qalb ua aql* **116**

PALAVRAS ÚTEIS KALIMAT MUFIDA 120

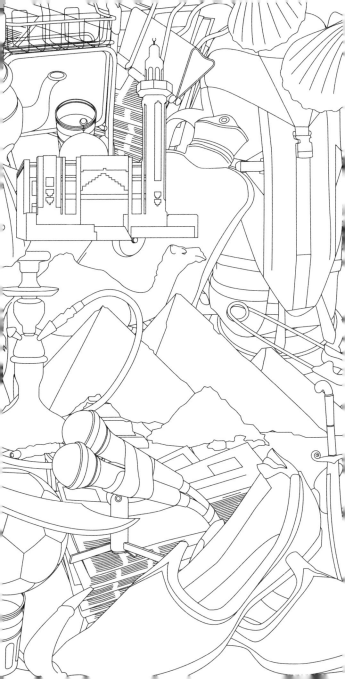

VIAGENS
RAHALAT

De Avião *fe el tayarah*

uma agência de viagem   *sharekat safar ua rahalat*
uma viagem   *rehlet safar*
a companhia aérea   *sharekat tayaran*
um bilhete   *tazkaret safar ua rahalat*
um bilhete de ida   *tazkaret zehab*
um bilhete de ida e volta   *tazkaret awdah*
um passaporte   *jawaz safar*
um visto   *visa, tasheret dekhol balad*
a taxa de cambio   *seer sarf amoal, seer tahweel amoal*
o dinheiro   *masary, filous*
as férias   *otlah, ayad*
o viajante   *al mosafir*
o turista   *al saeeh*
um estrangeiro   *ajnaby*
um estranho   *ghareeb*
um país   *balad*
o aeroporto   *matar*
a bagagem   *al haqaeeb, al shonat*
a mala   *al haqibah, al shantah*
uma sacola   *kis blasteck*
a bolsa   *haqibat yad*
a carteira   *mahfaza*
o carrinho de bagagem   *sayarat amteaa*
o carregador   *al hammal*
o aviso   *eelaan, nedaa*
a alfândega   *al jamarek*

9

3.500 PALAVRAS EM ÁRABE

o funcionário da alfândega *mowazaf el jamarek*
a taxa *dareebah*
uma garrafa *zojajah, qanninah*
cigarros *sagayer*
charutos *cigar*
tabaco *tabgh*
um perfume *eetour*
a joalheria *mahal jawaher*

* * *

os binóculos *al menzar*
os óculos *nazarat*
uma máquina fotográfica *camera*
um gravador *mosajeel*
um vídeo *video*
um computador *combiuter*
um formulário *uarakit al tabia*
o helicóptero *tayarah helicopter, miruahia*
o planador *tayarah sheraeyah*
o avião a jato *tayarah nafasah*
a decolagem *eqlaa*
a pista *modaraj el tayarat*
a tripulação *taqam el tayarah*
a aeromoça *al mudefa*
o piloto *el tayar*
o passageiro *el rakeeb*
o avião *el tayarah*
o vôo *el tayaran*
a cabina *cabinat el tayarah*
a classe *el maqsourah*
o lugar *el meqaad, el korsy*
o cinto de segurança *hezam aman*
a máscara de oxigênio *qenaa el oxygen*

VIAGENS RAHALAT

o enjôo   *amrad el jaw*
a bandeja   *saneyah*
a janela   *shubek, nafezah*
a asa   *janah*
a aterrissagem   *hobout*
a partida   *el moghadarah*
a chegada   *el uosoul*
o táxi   *taxi*
o carro   *sayarah, arabeyah*
o ônibus   *el otubees*
o trem   *el qetar*
a tarifa   *el ojrah*
a gorjeta   *baghshesh*
o hotel   *utel*
a reserva   *el hajez*
o quarto   *ghorfah, oudah*
o elevador   *asanseer*
a chave   *el moftah*
o número do quarto   *raqam el ghurfa, raqam el oudah*
o banheiro   *el hammam, dawrat el meyah*
um guia   *morshed seyahy*
o sol   *el shams*
a chuva   *el matar, el shetaaa*
o guarda-chuva   *shamseyah*
a neve   *el talj*

* * *

molhado   *mabloul*
seco   *nashef*
caro   *ghaly*
barato   *rekhess*
quente   *har*
muito quente   *har shedeed*

3.500 PALAVRAS EM ÁRABE

frio *bard*
gelado *bard qares*
chuvoso *momter*
ventoso *reyah*
ensolarado *moshmes*
perto *qareeb*
longe *baeed*
pesado *saqeel*
leve *khafeef*
turístico *seyahy*
rápido *saree*
devagar *batee*

* * *

viajar *safar*
tomar o avião *ekhood al tayarah*
voar *teer*
tirar férias *ekhod ajaza, ekhod outlah*
reservar *ehjoz*
confirmar *haked el hajz*
cancelar *elgha al hajz*
despachar *ersaal*
apertar o cinto *rabt hezam el aman*
passar pela alfândega *al meror ala el jamarek*
declarar *taqrer*
pedir informações *talab malomat*
alugar *eejar*
visitar *zeyarah*
chamar *etesal, mokalmah*
passear *oubour, murur*
chover *amtar*
nevar *tetloj*
gelar *tajmeed*
contratar *taqoud*

VIAGENS   RAHALAT

De Barco
fe el markeb, fe el qareb

a companhia de navegação   *sharekat naql bahary*
um cruzeiro   *rehlah bahareyah*
o porto   *meenaa*
o cais   *qafas eteham*
o estaleiro   *sahat benaa elsofon*
um armazém   *makhzan*
o quebra-mar   *hajez amwaj*
um barco   *qarib*
um navio   *safinah*
um cargueiro   *shahenah*
um rebocador   *qaterat badaee*
o barco salva-vidas   *qareb inqaz*
o colete salva-vidas   *tawq elnajat*
o salão   *salah*
o bar   *bar, khamarah*
a sala de jantar   *gorfat el asha*
a sala de jogos   *salat el leeb*
o camarote   *cabinah*
o beliche   *raseef*
a vigia   *al harees*
a passarela   *el manassah*
a escada   *el sollam*
o convés   *el setouh*
o capitão   *qubtan*
o camaroteiro   *aamel khedmah*
o marinheiro   *bahar*
a carga   *shouhna*
o guindaste   *rafeaa asqal*
o baú   *al jezee*
o farol   *manarah*

o mar   *el bahr*
uma ilha   *jazeera*
a terra   *el ard*
o oceano   *elmoheet*
a onda   *elmoja*
a maré   *mad elbahr*
a corrente   *tayar elmaa*
a tempestade   *alasefah*
as nuvens   *al sahab*
o céu   *el samaa*
os destroços   *elhuotam*

* * *

enjoado   *douar el bahr*
profundo   *omq*
raso   *satheyah, meyah dahlah*
agitado   *asar*
liso   *malees*

* * *

embarcar   *wesoul*
navegar   *ebhar*
afundar   *gaos, eghraq*
remar   *al tajdeef*

De Trem   *fe el qetar*

o trem   *qetar*
a estação   *mahatah*
a plataforma   *moghadarah*
a sala de espera   *salat intezar*
o bufê   *elboufeh*
a entrada   *aldekhol*
a saída   *alkheroj*
a bilheteria   *shebak el tazaker*

VIAGENS RAHALAT

o depósito de bagagens *maktab el haqaeeb, maktab em shonat*
a entrega *tawseel*
a retirada *sahb*
as informações *el maalumat*
a banca de jornais *bayaa jaraed*
o horário *el saa*
o chefe da estação *nazer elmahatah*
o carregador *hamal*
o cobrador *tkomsary, mohassel*
a porta *bab*
a rede de bagagens *shabakat haqayeeb*
o assento *maqaad*
a janela *nafezah, shebbak*
a cortina *setarah*
o estribo *setarat makfofeen*
o vagão-leito *sannadat raas, masnad raas*
o vagão-restaurante *sayarat al mataam*
o corredor *torqah, mammar*
o compartimento *sherakah*
os trilhos *qudban*
as agulhas *ebrah*
o sinal *al ishara*
um dormente *nayeem*
a via férrea *qadeeb hadeed*
o pára-choque *eqsedam*
a carga *hmoulah*
o túnel *nafaq*
a passagem de nível *mentaqah azelah, hedoud*

* * *

perder o trem *khtot qetarat, khasira al qetar*
partir *akhzan*

ter pressa *esteejal*
parar *qef*
esperar *entazer*
estar atrasado *motakher*

De Carro
fe el sayarah, el arabeyah

o motorista *el saeeq*
a carteira de motorista *rokhset qeyadah*
o passageiro *rakeb*
o pedestre *moshat*
a estrada *al tareeq*
a auto-estrada *tareq saree*
o carro *sayarah, arabeyah*
o caminhão *syarah naql, shahenah, naqelah*
o ônibus *outobes, bas, hafelah*
a motocicleta *motosickl, darajah nareyah*
a carroceria *haykal*
o pára-choque *teqsedam, masad*
o pára-brisa *massahat zojaj*
os limpadores de pára-brisa *masahat*

* * *

a calota *ajalat el qeyadah, qalansuah*
um pneu *ajalah, etarat*
o furo *soqb, khorm*
o estepe *ajalah*
a pressão dos pneus *daght hawa*
o macaco *koreek*
o porta-malas *shantat el sayarah*
as portas *aboab*
a placa *lawhat el sayarah*
a fechadura *eghlaq, qefl*
a maçaneta *edad el abowab*

VIAGENS RAHALAT

os bancos   *maqaeed, karasy*
o cinto de segurança   *hezam aman*
o capô   *cabout, ghetaa el sayarah*
o volante   *mequad, derecseion, ajalat al qeyadah*
um botão   *zer, meqbad, okrah*
o afogador   *ekhtenq*
o pisca-pisca   *esharat daweyah, nor esharat sayarat*
a chave de ignição   *meftah tashgheel*
os pedais   *dawasat*
os freios   *dawast el faramel*
o breque de mão   *faramel el yad*
o acelerador   *dawasat banzeenn*
a embreagem   *emberyaj*
o câmbio   *fetees, mohawel soraa*
a alavanca de marchas   *tagheer el marsh*
as marchas   *harat*
a ré   *ela al khalf*
a buzina   *alat tanbeeh, zamur*
o interruptor   *mohawel*
o velocímetro   *wehdet qeyas el soraa*
a velocidade   *al soraa*
os faróis   *el masabeeh el amameyah*
o tanque   *el tank*
a gasolina   *banzin*
um posto de gasolina   *banzenah, mahatat waqoud*
a bomba de gasolina   *ambobat ghaz, trombat banzin*
o motor   *matour, moharek*
a vareta do óleo   *qadeeb qeyas el neft, maqas neft*

o óleo   *zeet*
as velas   *shamaat eshal*
os cilindros   *estwanat*
o cabeçote   *ghetaa el rass*
as válvulas   *shamaat waqwd, semamat*
o carburador   *carbon*
o radiador   *radiator, mohawel maa, mobared*
a ventoinha   *marwaha*
a correia   *hezam*
a bateria   *battareyah*
os amortecedores   *emtesas sadamat*
as molas   *al rafasat*
a suspensão   *naqel soraa*
a transmissão   *rakn el sayarah, eyqaf el sayarah*
o escapamento   *mohawel sorat*
o estacionamento   *mawqaf, intezar*
um acidente   *hadesah*
a pane   *lawhat el enheyar*
o vazamento   *tasarob*
o mecânico   *mecanic*

* * *

potente   *qawee*
rápido   *saree*
devagar   *batee*
cheio   *malyan, momtalee*
vazio   *fady, khaly*
seguro   *amen, aman*
perigoso   *khateer*
escorregadio   *monzaleq, zalej*
seco   *nashef, gaff*
molhado   *mabluol, moballal, rateeb*
conversível   *qabel leltahweel*

VIAGENS RAHALAT

errado *ghalat, khataa*
certo *sah, sawab, haq, haqeqy*
novo *jadeed, hadees*
usado *mostamal*

* * *

dar partida *bedayah*
dirigir *qeyadah*
acelerar *tasree, tajeel*
brecar *kabh faramel*
parar *weqouf*
estacionar *rakn sayarah*
mudar as marchas *taghyeer harat*
virar *dawaran*
reduzir a velocidade *khafd el soraa*
ultrapassar *tajawoz*
derrapar *inzelaq*
guinar *dawaran monharef*
guinchar *sahb*
quebrar *kasr*
consertar *tasleeh, tasbeet*
verificar *morajaa lel fahs*
encher o tanque *malli khazan el waqoud*
bater *darb, edrib*

FÉRIAS
AYAAD, EJAZAT

No Hotel *fe el funduq*

um hotel *fundoq*
a recepção *maktab isteqbal*
o elevador *mesaad*
o andar *tabeq*
a chave *moftah*
um quarto *gorfah, oudah*
a cama *serer, firash*
uma cama de casal *serer mozdawaj, firash mozdawaj*
o lençol *charchif*
um travesseiro *mokhadah, wesadah*
o colchão *martabah, firash*
o cobertor *ghetaa, cabartayah, lehaf, bataneyah*
uma cômoda *comodino, kezanat sarer*
uma gaveta *dorj*
um armário *dolab, khezanah*
o cabide *aleqat maatif*
o espelho *merayah*
a lâmpada *lamba, mesbah*
a mesa *tawelah, trabezah*
a cadeira *corsy, meqaad*
a poltrona *tasreha*
o banheiro *hamam, dawrat meyah*
a ducha *dush, hamam*
a pia *maghsala*
a privada *balaah, maad*
a descarga *dafq meyah fe balaa*

FÉRIAS   AYAAD, EJAZAT

a torneira   *hanafeyah, sonbour*
a água   *maa, meyah*
a toalha   *fotah, menshafah*
o sabão   *sabon*
a escova de dente   *forshat asnan*
a pasta de dente   *maajon asnan*
o cinzeiro   *tafayat sagayer, manfada*
a bandeja   *seneyah*
a tomada   *feshat kahrobaa*
o café da manhã   *eftar*
o almoço   *gadaa*
o jantar   *asha*

✱ ✱ ✱

espaçoso   *faseeh*
grande   *kabeer*
pequeno   *sagheer*
confortável   *moreeh*
agradável   *lateef*
feio   *qabeeh, wehesh*
horrível   *faze, shanee*
chique   *aneeq, jazab, cheeck*

✱ ✱ ✱

descansar   *lelrahah, mertah, yertah*
sentar   *yajles, yaquod*
dormir   *yanam*
sonhar   *yahlam*
comer   *yakuol*
puxar   *yashab*
empurrar   *yadfaa*

No Restaurante   *fe el mataam*

o restaurante   *mataam*
o porteiro   *bawab*

21

3.500 PALAVRAS EM ÁRABE

a porta giratória   *bab dawar, bab halazony, bab kahrabay*
o terraço   *shorfah, barandah*
o bar   *bar, khamarah*
o balcão   *salat ard, balakuon*
o garçom do bar   *nadel, garson, metr*
a garçonete do bar   *nadelah, garsonah*
uma cadeira de bar   *meqaad bar, korsy bar*
o maitre   *kabeer el khadam, metr, raees khadam*
o garçom   *nadel, garson*
a bandeja   *seneyah*
a garçonete   *nadelah, garsonah*
a mesa   *tarabezah, tawelah*
a cadeira   *korsy, meqaad*
a toalha de mesa   *mafrash, qomash ghetaa tawelah*
o guardanapo   *mandeel*
o garfo   *shokah*
a faca   *sekinah*
a colher   *melaqah, malaqah*
o prato   *tabaq, sahn, khashoqah*
um copo   *cobayah, kawb, kaas*
uma jarra   *ebreeq, barrad*
um bule de chá   *ebreeq shay, barad shay*
a manteigueira   *tabaq zobdah*
o açucareiro   *sokareyah, olbat al sokar*
o cesto de pão   *salat khobz, salat eesh*
o pires   *sahn, tabaq*
a xícara   *cobayah, kaas, kawb*
o menu   *qaieemah makolat*
a lista dos vinhos   *qaieemat nabez*
uma refeição   *wajbah, wajbat taam*

FÉRIAS   AYAAD, EJAZAT

uma bebida   *mashroub, sharab*
um canudo   *qash*
um palito de dente   *meswak*
uma garrafa   *zojajah, qezazah*
o saca-rolhas   *fatahah*
a rolha   *fahm*
o cozinheiro   *chef, tabakh, tahy*
o aperitivo   *tfateh shaheyah*
o prato   *tabaq, sahn*
a salada   *salatah*
o hors d'oeuvre   *moqabelat, mekhalelat, maualeh, torshy*
a sobremesa   *halaweyat*
a comida   *taam, akl, tabeekh, ghezaa*
a conta   *fatorah, elhessab*
a gorjeta   *tips, baqshesh*

Comida   *taam, ghezaa, akl*

a carne   *lahmah*
a carne bovina   *lahm baqr*
um bife   *lahmah mafromah*
a carne de porco   *lahmat khanzeer*
uma costeleta   *lahmah beladdm*
a carne de cordeiro   *lahmat kharouf, dany*
o carneiro   *kharouf*
o rim   *kelyah*
o fígado   *kebdah*
o presunto   *lanshon*
o frango   *dajaj, farrouj, ferakh*
o pato   *bat*
o peru   *deek habesh*
a perdiz   *tayeer El hajal*
o faisão   *tadaroj*

23

3.500 PALAVRAS EM ÁRABE

uma salsicha   *hot dog*
uma carne assada   *lahm baqary mashoy*
uma carne cozida   *lahmah matboukha, lahm mathy*
um guisado   *motawater, lahm mafrum*
a língua   *lissan*
o escargô   *qawqaa*
a rã   *dofdaa*
o peixe   *samak*
a pescada   *mahshy*
o bacalhau   *samak El qad, samak momalah, melouha, renjah*
a enguia   *soban El bahr, hanash El bahr*
o atum   *samak El tona*
o arenque   *ringah, asmak El ringah*
a sardinha   *samak El sardenah, sardinah*
a truta   *troutat*
o linguado   *El waheed*
os mariscos   *El mahar*
os camarões   *robian, gambary*
as ostras   *El mahar*
os mexilhões   *balah El bahr*
a lula   *El habbar*
o polvo   *akhtabout*
a lagosta   *garad El bahr*
o caranguejo   *saratan El bahr*

* * *

os legumes   *alkhodrawat, AL khudar*
o milho   *zorah safra, nabat AL zorah*
o arroz   *roz*
a batata   *batata*
o feijão   *fajulia*
o repolho   *koronb, mahshy, malfuof*

FÉRIAS   AYAAD, EJAZAT

a cenoura   *jazar*
o tomate   *ttamatem, banadura*
o pepino   *kheyar*
a beterraba   *banjar, shamandar*
a couve-flor   *qarnabeet*
o aspargo   *isbrajes*
a alface   *khas*
o alho-poró   *suom, tuom*
a cebola   *basal*
a vagem   *fasuolia, lubie*
a ervilha   *jarjee*
o espinafre   *sabanikh*
o cogumelo   *eesh ghorab*
o rabanete   *fejl*

* * *

as frutas   *fawakeh, semar*
o abacaxi   *ananas*
a banana   *mauz*
a uva   *inab*
a maçã   *tefah*
a laranja   *bortuqal*
a mexerica   *yuosif afandy*
o melão   *batekh, asfar*
a melancia   *batekha*
o morango   *faralah, frez*
o figo   *teen*
o grapefruit   *aser fawakeh, inab*
a groselha   *zebeeb*
a framboesa   *tuoot*
a amora   *enab aswad, tut*
a cereja   *karaz*
o pêssego   *khokh*
a pêra   *kometra, kuomsra, njas*

o damasco *meshmesh*
as amêndoas *al lauz*
a tâmara *balah, tamr, ajua, ruotab*
a ameixa *khuokh*
o caroço *hafrah, ajama, navat*

* * *

uma bebida *sharab, shuorb*
uma pedra de gelo *mokaabat salj*
a água *maa, mayah, meyah*
uma água mineral *meyah madaneyah*
um suco de fruta *aseer fawakeh*
um refrigerante *haga saqaa, kazuza*
um vinho *nabeez, nbeet*
um champanhe *shambania, shampanya*
uma cerveja *beerah*
uma cidra *aseer teffah, nebet tefah, nabez AL tofah*
uma limonada *lamonata, aseer lamon, aseer laimon*
uma laranjada *aser bortuqal*
uma bebida alcoólica *sharab kolhuolly, mashrobat kohuoleyah*
uma bebida não alcoólica *mashrob gazy, mashruob ghayr kuholly*
um licor *khamrah*
um conhaque *coniack, brandy*
um gim *sherak, arak*
um vinho de Porto *nabeez*
um whisky *wesky*
o leite *laban, haleeb*
o café *ahwah, qahwah, bom, qahwe*
o chá *shay*
o chocolate *shoculatah, shoculata*

FÉRIAS   AYAAD, EJAZAT

* * *
o sal   *malh*
a pimenta   *shatah, filfel*
a mostarda   *mostardah, khardal*
o vinagre   *khall*
o óleo   *zeet, zait*
o molho   *salsat soya, maraqah*
a manteiga   *zebdah, zobd*
o creme   *kreem zebdah*
a margarina   *margharen*
o pão   *khobz*
um filão   *raghef eesh*
um pão de forma   *kakah, sandawetsh*
um pãozinho   *kaakah*
uma fatia, um pedaço   *qetaa, qatmah, gozz*
as migalhas   *fotat, fatafeet*
a massa   *shereyah, makaronah*
a farinha   *teheen*
um ovo   *beed*
um bolo   *ceikah, gatô*
uma torta   *feterah, torta*
um bolo inglês   *kak engelize*
uma rosquinha   *donat*
uma bomba   *bomba, kaak mehshi*
um bolinho   *koky, Kaká sagherah*
um rocambole   *feterah*
uma omelete   *omelet, beed maqly*
um queijo   *jobnah, jebnah, jebn*
uma bolacha   *baskuot*
batatas fritas   *babates maqleyah*
uma sopa   *hessaa, shorbah*
um caldo   *maraqah*
os temperos   *tawabel, boharat*

3.500 PALAVRAS EM ÁRABE

o alho *toom, sauom*
a cebolinha *basal akhdar*
um sanduíche *sandawetsh*
o lanche *ajbah khafefah, tasbeyrah*
o sorvete *jelaty, buza*
a geléia *merabah*
a sede *atash*
a fome *juo*
um regime *nezam ghezaee*

* * *

frito *maqleyat*
cozido *matboukh, mathou*
mal passado *malh naeem*
pouco passado *darajah motaasetah*
ao ponto *mazbuot*
bem passado *hasan*
assado *sayeah*
grelhado *kham*
cru *kham, nai*
gostoso *laziez, taieb*
delicioso *laziz*
bom *jayed*
ruim *Sheen, wehesh, sayee*
macio *laieen, tary*
duro *nashef, salb*
maduro *nadej*
saudável *sehy, saleem*
doce *helow*
amargo *marer, mor*
azedo *motakeer*
fresco *tazaj, jaded*
podre *fased, meafen, motafen*
gorduroso *dehny*

FÉRIAS   AYAAD, EJAZAT

* * *
cozinhar   *tabkh, tahı*
ferver   *yaghli*
fritar   *yaqly*
assar   *yashuee*
grelhar   *yashuee al hadid*
preparar   *ttahdeer, eddad*
cortar   *taqtee, nahs*
descascar   *taqsheer*
queimar   *ghalaian, harq*
comer   *akl*
experimentar   *tazawq*
mastigar   *madgh, eliq*
engolir   *bale, ebla*
gostar   *ejab, heb*
digerir   *hadm*
beber   *shorb, echrab*
beberricar   *rashf*
estar com fome   *jaan*
estar com sede   *atshaan*
morrer de fome   *mayet men el juoo*
engordar   *atkhan, ensah*
emagrecer   *takhses, noqsan wazn*
servir   *taqdeem, amal ala khedmah*
servir-se   *khedmat nafsak, khedmat zatak*

COMPRAS
TASAWQ

um shopping center   *markaz tojary, markaz tasawq*
uma loja   *mahal, matjar*
um grande magazine   *Mahal kabeerah*
a drogaria   *saidaleyah, ajzakhanah*
a joalheria   *mahal mojawharat, gawahergy, sayegh*
a padaria   *makhbaz, forn eesh*
o açougue   *jazar*
a papelaria   *maktabat bee waraq, maktabah*
a mercearia   *beqalah, dukeni*
a loja de ferragens   *moedat takhzeen*
a livraria   *maktabah*
o supermercado   *markaz tojary, supermarket*
a confeitaria   *nesf jawrab*
a lavanderia   *magsalah*
uma loja de roupas   *Mahal malabes*
a tabacaria   *mahal lebee dokhan*
a floricultura   *mahal bee nabatat*
uma loja de discos   *Mahal bee sedehat we descat*
o cabeleireiro   *kawafer, halaq hareemy*
o barbeiro   *hallaq*
o chaveiro   *betaa mafateeh*
o sapateiro   *gazmagy, soramaty*
o encanador   *sabbak*
o pintor   *dahhan, estorgy*
o eletricista   *kahrabaay*
o marceneiro   *najar*

30

COMPRAS TASAWQ

* * *
o balcão   *masrah*
a vitrine   *shubek, nafizah, shebback*
a exposição   *maarad*
a caixa   *sanduoq, khezanah*
a mercadoria   *bedaah, montagat*
um produto   *bedaah, montag*
um artigo   *band, garad*
uma liquidação   *bayee, tasfeyah*
uma pechincha   *ktir rkhis*
um vendedor   *bayaa*
uma vendedora   *bayaah*
um comerciante   *tajer, saheb matjar*
um freguês   *zeboon, ameel, moshtary*
o dinheiro   *feluos, masary, uomlah*
uma nota   *waraq banconot, omlah, awraq naqdeyah*
uma moeda   *omlah madaneyah*
o troco   *frata*
um talão de cheque   *daftar sheckat*
um cheque   *sheck*
um cartão de crédito   *betaqat eeteman, credit card*
um pacote   *tard, majmoaah*
um saco de compras   *haqyebat sheraa, shantat sheraa*

* * *
comprar   *al sheraa*
vender   *al bee*
escolher   *ekhteyar*
mostrar   *ard*
atender   *khedmah, taqdeem*
encomendar   *talab*

entregar   *tawseel*
embrulhar   *hefz*
pesar   *wazn*

Roupas   *malabes, hedoum*

uma meia   *sharab, gawrab*
meias de mulher   *sharab hareemy, jawareb hareemy*
uma meia-calça   *short, lazuz*
um chinelo   *shebsheb, naal*
um sapato   *hezaa, gazmah, subbat*
uma bota   *boot*
um tênis   *hezaa tines, spadrin*
as sandálias   *sandal*
a ponta   *noqtah*
a biqueira   *rabetat onoq*
os laços   *rabtah halazon*
os ilhoses   *dantellah*
a lingüeta   *lissan*
as costuras   *khyatah, heyakah*
o salto   *hezaa kaab alli, gazmah kaab alli*
a sola   *naal*
roupa de baixo   *malabes dakheleyah*
uma cueca   *lebas rejaly*
uma calcinha   *kolout*
um sutiã   *senteanah*
uma camiseta   *fanellh, kanza*
uma calça   *bantaluon*
um bolso   *shantah hareemy*
a braguilha   *sostah*
a prega   *gyoub bantalon khalfeyah*
um cinto   *hezam*
a fivela   *tocah*

COMPRAS TASAWQ

os suspensórios *hamalat*
uma saia *jeba*
um vestido *fostan*
uma camisa *amees, qamees*
o punho *asawer*
uma gravata *gravatta, rabetat onoq*
uma gravata borboleta *rabetat onoq ala shakl frashah*
um terno *badlah*
uma blusa *bluozah*
uma malha *balto, imash*
a gola *sotrat onoq, qeladat onuoq*
um cachecol *weshah, tarha, tadeeynah*
um lenço de pescoço *shall onoq, talfeea, tarha, mandeel*
um lenço de nariz *mandeel*
o colete *sotrah*
o botão *zorar, azrar, zarayer*
a casa de botão *azrar el erwah*
um ziper *sostah, sahab*
um macacão *kheyatah halazoneyah, mekar kheet*
um avental *meataf*
o casaco *qeshrah, swetar jeld, swetar qomash*
o casaco de pele *qeshuor jeldeyah, swetar jeld*
o paletó *balto, jacket*
a capa de chuva *waqy min El matar*
o chapéu *taqeyah, quobaa*
um boné *taqeyah, qubaa, emamat ras*
uma boina *quobaa*
as luvas *guwanty, waqy yad, quoffaza*
o pijama *qamees noom, beijama, malabes alnoom*

33

a camisola   *camees noom hareemy*
o roupão   *ruob, balto lelnoom*
a roupa de banho   *malabes elnoom*
as mangas   *malabes el bahr, el mayooh*
o colarinho   *metaf*
uma costura   *akmam*
uma bainha   *qeladah*
o forro   *qomash yahtawy ala ahdab*
o tecido   *qomash*
o tamanho   *elhajm*
o algodão   *qotn*
a lã   *soof*
a seda   *hareer*
o linho   *kettan*
o bordado   *AL kheyatah, El tatreez*
a renda   *dantella*
a linha   *kheet*
um dedal   *ebrah*
um carretel   *bakarat kheet*
uma agulha   *ebrah kheyatah*
um alfinete   *dabbous*
uma tesoura   *meqas*

* * *

grande   *kabeer*
pequeno   *sagheer*
apertado   *dayeeq*
estreito   *dayeq*
largo   *fadfad, areed*
curto   *qaseer*
comprido   *taweel*
elegante   *aneeq, sheeck, gazzab*
na moda   *ala El muodah, asry, muodah asreyah*

COMPRAS TASAWQ

clássico *taqleedy, classicy*
moderno *hadees, jadeed*
atualizado *tahdees*
desatualizado *ala el teraz elqadeem, afa alaiha elzaman*
estampado *tabb, matbouaah, matbuu alaiha*
liso *sahl*
listrado *mekhatat*
manchado *melatakh, menaqat*
rasgado *meqattaa, momazaq*
pregueado, franzido *menaqat, mozarkash, momawag*

* * *

vestir *lellibas, ertedaa*
vestir-se *ertady zeyyak, elbes malabesak*
tirar a roupa, despir-se *khalaa malabes*

* * *

pôr *wadaa, hot*
experimentar *mohawalah, tajrebah*
estar do tamanho certo *ala naho saleem, naho saheeh, monaseb*
ficar bem *bekhayr, takon ala kheer*
lavar *ghassel*
encolher *inkemash, taffon*
passar *makwa, makwi*
rasgar *taqtee*
furar *kharm, senaaat khorm, ratq*
costurar *kheyatah*
abainhar *islah*
remendar *lasq*
pregar *wad ala*
tingir *sebaghah*

Som saut

um disco *quors tasjeel, shereet tasjeel*
uma fita *shereet*
um compact-disco *aqras modmajah*
a música *lahn, naghamah*
uma canção *oghneyah*
um sucesso *wesoul ela alnajah, alnajah Fe elamal*
o compositor *molahen, mosieqar*
um cantor *motreb, moghanny, moaadi*
a voz *El saut*
o regente *muder intaj*
o coro *goqa, moadeyieen*
uma orquestra *ferqah moseyqeyah*
um grupo *fareeq, majmoaa*
um músico *moseqeein, azefeen*
um piano *biano*
um violino *kaman*
a trombeta *zommarah*
a flauta *elfluot*
o saxofone *saxfon*
o violão *ghetar*
o contrabaixo *kaman maa sout jaheer, kaman ali elsuot*
a trompa *mohawel sout*
o tambor *buoq*
a bateria *tablah*
um tocador *azef*
um toca-discos *tasjeel sawti*
o sintonizador *moalef mosiqi*
o amplificador *mokabrat sout*
um toca-fitas *alat tasjeel, shreet sawti*
um gravador *alat tasjeel sawti,*

COMPRAS TASAWQ

um aparelho de som   *nezam swuot ali*

* * *

lento   *batee*
rápido   *saree*
quente   *sakhen*
legal   *hasan*
agradável   *lateeif*

* * *

escutar   *istemaa, esghaa*
tocar   *laeeb, tashgheel*
gravar   *tasjeel*

Livros   *kotob*

um livro   *kitab*
um livro de bolso   *kitab lelgeeb, ketab soghayar*
um dicionário   *qamoos*
um atlas   *atlas, kharetat El alam*
um romance   *rewayah*
o título   *enwan*
o escritor   *katib, adeeb*
um poeta   *sher, shaeer*
o editor   *dar nashr, nasheir*
uma crítica   *naqd, naqid*
um crítico   *naqd mohrej*
um conto   *qisah qaseerah*
uma história, um conto   *ekhbar qessah*
a ficção   *qesah khayaleyah, khayal ilmy*
a não-ficção   *qesah waqeyah, qesah haqeqeiah*
a poesia   *sheer*
uma tradução   *tarjamah*
a capa   *gholaf, ghetaa, wesh, wajh*
a sobrecapa   *dayah, ifrat fe eldayah*

a orelha *sammah*
a encadernação *amuod faqri*
a lombada *matab*
um capítulo *fasl Fe rwayah*
uma letra minúscula *hrof kbeerah*
uma letra maiúscula *hruof kabeirah*
uma página *safha*
um parágrafo *qteaah, faqrah*
a margem *hamesh*
o espaçamento *mesaha, mastarat, fasil*
a linha *khat, khtuot*
a palavra *kilmah*
a impressão *tabeaah, intebaa*
a trama *moamarah*
um personagem *shakhseyah, namat*
o estilo *tabee, mazhar, shakl khareji*
uma obra prima *tofah awaleyah, mashroo awali*

* * *

capa-dura *ghetaa saab, wagh saab*
grosso *ghaleez, sameek*
esgotado *kharej altebaah*
interessante *mohim, ihtemam, jazeb intebah*
engraçado *modhik, mosally*
triste *hozn, hazeen*
dramático *dramah moseerah*
chato *momeill, momellah*
emocionante *motaharik, tataharak*

* * *

ler *qeraah, qerayah*
escrever *ketabah*
descrever *yasif, sif, awsaf*
contar *ekhbar, kalam*

Tabaco *tabgh, measil*

um cigarro *segarah*
o filtro *feltar, mohalel, morasheh*
um maço *elbah*
uma caixa *sandouq*
a marca *markah, alamah tojareyah*
um charuto *sigar*
um corta-charutos *qetaa El sigar*
um cachimbo *bibe, anbobat tadkheen*
o fornilho *sahn*
o tubo *anbobah gezeyah*
a boquilha *anbobah mattat*
o raspador de cachimbo *sajayir makhtomah, rehtoh sagayier*
a piteira *hamil sajayir*
os fósforos *mobarayat, kabreet*
isqueiro *khafif*
a pedra *hajar sawwan*
o cinzeiro *tafayt sajayir, taffayah*
a fumaça *dokhan*
fumar *tadkheen*
acender *ishaal*
apagar *ikhmaad, tatfeiah*

Lavanderia *ghaseel, gassalah, maghsalah*

a limpeza a seco *tanzeef jaff*
a máquina de lavar *ghassalah*
a máquina de secar *makinat tansheef, alat tajfif*
o sabão em pó *mashoq ghaseel, mashoq sabon*

uma mancha *boqaah*
a goma *alkah*
o ferro de passar *makwah*

* * *

molhado *mabloul, tary*
seco *nashif, gaff*
passado *makwi*
amarrotado *menashshey*

* * *

lavar *ghaseel*
limpar *tanzeef*
secar *tansheef, tajfeef*
passar *kawi*
molhar *mablol*
encharcar *nashr*
engomar *tajfif*

Fotografia tasweer

a máquina fotográfica *camera*
o estojo *qadeyah*
a correia *tahzeem*
o tripé *solasy, traibod*
o flash *daw, nor, flash*
o fotômetro *meqyas el dooow*
o telêmetro *kashaf, enarah*
o visor *moktashef, manzar*
o obturador *meghlaq doow*
o disparador *mohwel doow*
o disparador automático *mohawel doow otomatick*
o dipositivo de tempo de exposição *meqyas tazamn*
o sincronizador *monazem*

COMPRAS TASAWQ

o regulador de diafragma   *hegab hajez dayeery*
a chave de inversão   *miftah akes*
a lente   *adasah*
o anel   *halaqah, daeerah*
o diafragma   *hegab hajez*
o fole   *khwar*
a focalização   *morakkiz*
a alavanca   *rafeaah*
o botão   *miftah, zorar*
a filmadora   *camirat video*
um filme   *film, fitat film*
um slide   *inzelaq ala sharehah*
preto e branco   *aswad ua abiad*
um rolo   *malaf, lafaf*
o carretel   *bakarah*
o tamanho   *elhajm*
um negativo   *salby*
uma ampliação   *imtedad tawsee*
uma revelação   *tanmeyah*
uma cópia   *tebaah*
uma fotografia   *suorah*
um aparelho de vídeo   *jehaz vídeo*
uma fita de vídeo   *shreet vídeo*

* * *

ampliar   *takbeeir*
revelar   *mosabet tatweer*
fotografar   *ilteqat sowar*

Jóias
mojawharat, maswoghat

um relógio   *saah*
um colar   *eeqd, selselah, qeladah*

um pingente *qeladah*
um medalhão *medaliah*
um brinco *halaq*
um anel *khatem*
uma aliança *deblah*
uma pulseira *asawer*
um broche *oqd, dabbous, brooch*
uma abotoadura *zarayer akmam*
uma pedra preciosa *jawharah*
um diamante *almaz*
uma esmeralda *zomorod*
um rubi *roby*
uma safira *taquot*
a prata *fedah*
o ouro *zahab, dahab*
uma pérola *lu lu*
o joalheiro *jawaherjy, saygh*

* * *

lapidar *saqil hejaarah karimah*
avaliar *taqdeer qimah*

Correio e Telefone
maktab el bareed, altelefon, el hatef

uma caixa de correio *sanduoq bareed*
uma carta *khetab, resalah, jawab*
um cartão postal *cart, resalah baredyah, betaqah baredeyah*
um envelope *zarf, mazruof*
a aba *rafraf*
a borda *hafah*
o papel *waraq*
o cabeçalho *el raas, inwan*

COMPRAS TASAWQ

um selo   *khatam qadaeey, taba el bareed*
a franquia   *bareed majany*
o endereço   *enwan*
um telegrama   *barqeyah*
um pacote   *tard breedy*
o carteiro   *say el bareed, muazi el bareed*
o correio   *El bareed*
um vale postal   *amr amoal bareedy*
o recolhimento   *tajmee*
a distribuição   *tawzee, tawseel*
o telefone   *hatef, telefon*
o gancho   *esteqbal, morsal eleeh, mostaqbil*
o receptor   *mostaqbel*
o transmissor   *irsal*
o disco   *qors hatife*
a cabine telefônica   *kabinat telefon, kosk telefon*
uma chamada, uma ligação   *etessal, ijraa mokalmah*
o número   *raqam*
o código   *cod*
a linha   *khat*
a lista telefônica   *dalil El hatif*
uma resposta   *ejabah, rad*

* * *

registrado   *tasjeel*
ocupado   *mashghol*
livre   *fady, huor*
interurbano   *masafat tawelah, kharejy*
local   *mahally*
a cobrar   *tahseel resoom*

* * *

mandar   *ersaal*

postar   *ersal bareed*
receber   *esteqbal*
recolher   *tjmee*
entregar   *tawseel*
telefonar   *ejraa mokalamah*
ligar, chamar   *etessal*
discar   *etessal, ejraa mokalamah*
responder   *rad, ejabah*
desligar   *qafl el khat, inhaaa mokalamah*
tocar   *sot garas el telefon, ranat telefon*

Supermercado   *Supermarket*

uma lata   *elbah*
uma garrafa   *zojajah, qezazah, anina*
uma caixa   *sandoq*
um pacote   *rozmah, hezmah, majmoaah*
as frutas   *fakihah*
os legumes   *khodrawat*
as carnes   *luhum*
os laticínios   *montajat alban*
os produtos de limpeza   *montajat tanzeef*

Papelaria   *qertaseyah*

o papel   *waraq*
o papel de embrulho   *waraq taghleef*
um caderno   *ketab El wajib, ketab momarsah manzely, daftar*
um bloco de papel   *notah*
uma folha   *safhah*
um envelope   *zarf, mazruof*

* * *

a caneta esferográfica   *qalam*
uma caneta-tinteiro   *qalam hebr*

COMPRAS TASAWQ

uma carga   *tabeaat, mall*
um lápis   *qalam rsas*
uma lapiseira   *qalam rosas*
um apontador (de lápis)   *mabry, baraya*
uma régua   *mastarah*
a tinta   *hebr*
o mata-borrão   *nashafat waraq*
uma borracha   *matat, massahah, astikah*
a cola   *gheraa, samgh*
os percevejos   *dabbasah*
os clipes   *dababis waraq*
uma tesoura   *meqass*
um grampo   *dabbasah waraq*
um grampeador   *shibak dabbasah*
um carimbo   *khattamah*

Drogaria
saydaleyah, ajzakhanah

o farmacêutico   *saydali*
a receita   *wasfah*
o medicamento   *elaj, dawaa*
a pomada   *marham*
os comprimidos   *aqras, hbuob*
as pastilhas   *raqaeeq*
o esparadrapo   *laseq, dammadah*
o algodão   *qotn*
a gaze   *shash*
a atadura   *dammadah, shash*
um creme   *marham, kreem*
uma loção   *mahluol*
o perfume   *etour, reyhah*
um desodorante   *mozeel araq*
o creme de barbear   *tkreem helaqah*

um barbeador   *shafrat helaqah, muoos*
uma lâmina   *hafat muoos*
a pasta de dente   *majoon asnan*
a escova de dente   *forshat asnan*
a escova   *forshah*
o pente   *mesht, mashatat saar, forshat saar*
a lixa   *malaf*
a maquilagem   *makyaj, adwat tajmeel*
o batom   *ahmar shafayif, homra*
o esmalte   *zebdat shafaif, managir*
um grampo de cabelo   *dabuos shar*
uma fivela de cabelo   *mashbak shaar, tokah*
um creme de bronzear   *kreem shams*
um sabão   *saboon*

Ferragens   *modeat, ajhezah*

uma ferramenta   *adwat, edda*
um martelo   *matraqah, shakuosh, gakuosh*
a enxada   *mazaqah*
a picareta   *baltah*
uma furadeira   *koreeck*
uma broca   *hafarah*
um trado   *kharramah*
uma plaina   *tayarah*
uma chave de fenda   *mifak braghy*
uma chave de parafusos   *kammashah, binzah*
um alicate   *mekarr, bakarah, bansa*
uma lima   *nassab*
um buril   *telaa*
a tinta   *madfaa rash bohyah, dhan*
um revólver de tinta   *mosadas rash bohyah*
uma lata   *weaa, safehah, elbah*
um tubo   *hamel, masnad*

COMPRAS TASAWQ

um pincel, uma broxa *lwohah*
um cavalete *maqshat*
uma paleta *mosmar*
uma raspadeira *lawlab, mosmar halazony*
um prego *mosmar*
um parafuso *juoz*
uma porca *watad*
uma cavilha *sharaeeh masameer, massameer*
o filete de rosca *teroos*
a cabeça *raas*
uma borboleta *farashah*
uma arruela *ghassalah*
uma pá *majrafah*
uma trolha *jarrafah*
uma serra *menshar*
uma escada *selim, sulmi*
uma mangueira *khartuom, nabrish*
um regador *meyah ray*
um balde *gardal, dalu*
uma vassoura *meqashah, maknasah*

Flores *zhour, weroud*

um buquê *baqat zhour*
a pétala *betellah*
o caule *jazaeyah, jezuor*
o espinho *shuokah*
o broto *mahd, bedayah*
uma orquídea *sahlabeyah*
uma rosa *wardah, zahrah*
uma margarida *zanbaq*
uma tulipa *zahrat oghouan*
um cravo *zanbaq*
um junquilho *qronfuol*

3.500 PALAVRAS EM ÁRABE

um lilás   *narjeis*
um lírio   *orjwany*
o aroma   *nanbaq, raeehat etour*
* * *
florescer   *tazdaher, tatafatah*
murchar   *tazbol*

NA PRAIA
FE EL SHATEE, EL MASYAF

a praia   *alshatee, elmasyaf*
a areia   *raml, remal*
um seixo   *hasa*
a duna   *kosban ramleyah*
o mar   *elbahr*
o oceano   *elmoheet*
a costa   *saheel*
uma península   *shebh jazeirah*
uma baía   *khaleij*
um banco de areia   *remal bayn elmasareif*
um estuário   *masab nahr*
a ressaca   *mashy al elmaa*
uma lagoa   *bohayrah*
a areia movediça   *mojat madd*
a onda   *mojah*
a maré   *madd*
um rio   *nahr*
a margem   *khazan meyah*
uma cachoeira   *shallal*
a roupa de banho   *malabes bahr, keswat sebahah*
a toalha   *menshafah, fuotah*
a esteira   *haseerah, mfrash*
o guarda-sol   *mazalat shams*
a cadeira de praia   *korsy bahr*
os óculos de sol   *nazarat shamseyah*
um chapéu   *qobaah, taqeyah*
a concha   *sadaf*
o balde   *dalu, gardal*

49

a pá *majraf, jarrafah*
um castelo de areia *qalat rimal*
um veleiro *qareb ibhar, markeb*
a cabina *maqsuorah*
o leme *qeyadat eldaffah*
a quilha *aredah*
o mastro *sareyah, sary*
a vela *sheraa*
uma lancha *qareb bemoharek, lansh*
o motor de popa *zawraq*
uma canoa *qareb ala zawraq*
um remo *mejdaf*
uma bóia *awamah*
um peixe *samak*
a pesca *sieed*
a rede *shabakah*
a vara de pescar *asit seed asmak*
a linha de pescar *khat seed*
o anzol *mazaq*
o esqui aquático *tazaloj ala elmaa*
a prancha de surfe *luoh tazaloj*
a roupa de mergulho *malabas ghats*

* * *

limpo *nazeef*
sujo *qazer, uosekh*
transparente *wadih, shafaf*
turvo *mohel, ghaeem*
poluída *molawas*

* * *

nadar *sebahah*
jogar *laeeb*
tomar banho *takhoz hammam, estehmam*
mergulhar *ghats*

NA PRAIA FE EL SHATEE, EL MASYAF

bronzear *tanny, sammar, safaa*
pular *qafz*
pescar *sayd*
pegar *elteqat, imssak*

NA MONTANHA
FI ELJABALL

a montanha   *eljaball*
a vertente   *inhedar, monhadar*
a encosta   *ela janeeb*
uma saliência   *isqat*
uma falha   *shaq*
um pico   *zorwah*
a crista   *ela zorwat*
uma serra   *jibal ali elmadda*
um maciço   *kotlah sakreyah*
a escarpa   *jarf shadeed el inhedar*
um penhasco   *hawyah*
um precipício   *shefat el haweyah*
uma passagem   *khatwat tamreer, noqtat obour*
uma cratera   *fowahat borkan*
um vulcão   *borkan*
uma trilha   *selselah jabaleyah*
o cume   *qemah*
a neve   *salj, thalej*
o gelo   *jaleed*
a geleira   *jaledeyah*
um alpinista   *motasaliq jebal*
um esquiador   *motazahleq ala el jaleed*
um patinador   *tazaloj*
um trenó   *tazahloq*
um esqui   *tazaloj ala mozlej*
um bastão   *qadeeb*
um patim   *qadeeb tazaloj*
uma pista de patinação   *masar tazaloj*

NA MONTANHA FI ELJABALL

um teleférico *barqyat sayarat*
o elevador de esqui *tazaloj ala hmolat*
um chalé *shaleeh*
uma estação de esqui *markaz tazaloj, montagaa tazaloj*
um abrigo *majaa, eiwaa*

* * *

alto *irtefaa, alei*
baixo *monkhafed, waty*
frio *bard, saqaa*
gelado *bard qaris*
glacial *jaledeyah*
para cima *alei*
para baixo *asfal, taht*

* * *

deslizar *inzelaq*
escorregar *zalah, seqout*
saltar *qafz, wasb, nat*
esquiar *tazaloj*
patinar *tazaloj ala motazalaj*
esquentar *ihmaa, hararat min ihmaa*
cair *seqout, weqou*
levantar *seoud*
gear *saqee*
gelar *tajmeed*
derreter *zawaban*

NA RUA
FE EL SHAREE

uma mesquita *jamie, masjid*
uma rua *sharee*
uma avenida *midan*
uma praça *saha*
a calçada *rasif lilseer*
a borda *hafah*
a sarjeta *mizrab*
um bueiro *majror*
o esgoto *ballat safr, majarir*
o trânsito *El sair*
a poluição *El talauth*
um engarrafamento *ziham*
o sinal luminoso *esharat mroor*
os sinais de trânsito *alamat mroor*
um túnel *nafaq*
um cruzamento *taqatoo*
a faixa de pedestres *mamar ebor moshah*
a multidão *izdeham*
um pedestre *aber*
um policial *rajol bolis*
um carro *sayarah, arabeyah*
um ônibus *otubes, hafilah*
uma caminhonete *shahenat sayarat*
um caminhão *shahenah*
uma motocicleta *darajah nareyah, motosikl*
uma mobilete *darajah*
uma bicicleta *ajalah, darajah*
um poste de luz *nor El charee*
uma lata de lixo *zebalah, nefayat*

NA RUA FE EL SHAREE

um cartaz *lafitah, mlsaq*
um edifício *mabna, imarah*
um arranha-céu *natehat sahab*
uma casa *manzil, beet*
as lojas *mahelat*
os monumentos *tarkeeb*
um museu *mathaf*
uma igreja *kneesah*
uma catedral *katedraeyah*
uma escola *madrasah*
uma universidade *koleyah, jameeah*
o correio *maktab bareed*
uma caixa de correio *sandoq bareed*
uma cabine telefônica *kabinat telefon, koshk hatif*
um posto de gasolina *mahatat banzeen, banzinah, mahatat waqoud*
um cinema *cinema*
um teatro *masrah*
um grande magazine *mahal kabeer*
um hospital *mostashfa, massahah*
uma banca de jornais *maktabah, Mahal bee jarayeed*
um parque *hadiqah, jeninah*
uma biblioteca *maktabah*
um bar *bar, khamarah*
um boteco *qahwah*
um restaurante *mataam*
uma boate *nait club, malha laily*
o hotel *fondoq*
um banco *masraf, bank*
um escritório *maktab*
uma agência *sherkah, wekalah*

uma estação de metro   *mahatat metro*
um ponto de ônibus   *mahatat otubis*
o centro   *wasat Elbalad*
o subúrbio   *dahya*
o bairro   *hay, mentaqah*
um cortiço   *hay faqyeer*
a favela   *hay safeeh*

* * *

barulhento   *sout ali, sakhab*
tranqüilo   *hedow, hady*
impressionante   *mostaheel, muather*
animado   *saher*
charmoso   *jazab, lateef*
perigoso   *khateer*
seguro   *amen*
agradável   *moreeh*
histórico   *tarekhy*

* * *

andar   *mashy*
estar com pressa   *ala istejal, ala ajalah*
visitar   *zeyarah*
atravessar   *obour*
parar   *qif*
construir   *benaa*
demolir   *maseel, dammir*
proibir   *mamnow, emna*
sujar   *qazarah, wasakhah*
passear   *tanazoh*

Diversões   *tarfeeh, tasleyah*

o cinema   *cenima*
a bilheteria   *shebak tazaker*
um filme   *film*

NA RUA FE EL SHAREE

a estrela   *najm*
um ator   *momasel*
uma atriz   *momaselah*
o dublê   *fareeq, ferqah*
o diretor   *moder*
o roteirista   *kateb senario*
o roteiro   *maqtaa maktoob, senario*
a trama   *moamarah*
um papel   *daur*
a música   *mosiqa, mazzika*
um filme de bang-bang   *film bang bang*
uma comédia   *film comidi*
um drama   *masawy, drama*
um policial   *tasjily, bulisee*
um filme de terror   *film roub*
um musical   *moseeqi*
um documentário   *tasjily*
um desenho   *resom motahrekah, karekater, cartoon*
a dublagem   *doblaj*
as legendas   *tarjamah*
a propaganda   *ilanat*
a tela   *shashah*
o lugar   *makan*
a espetáculo   *ard*
a ribalta   *adwaa el masrah*
o cenário   *mashad*
a platéia   *jomhor, moshahedeen*
uma fileira   *ala El tawali*
a cortina   *sitarah*
o palco   *El masrah*
o teatro   *masrah*
uma peça   *gozz*

o autor   *moalif, katib*
o ensaio   *El tadrib*
os bastidores   *kalfeyat el masrah*
um camarim   *gorfat malabes*
o ponto   *molaqin*
um camarote   *sndoq, maqsurah*
o intervalo   *fasil, isterahah*
um sucesso   *najah*
um fracasso   *fashal*
a ópera   *obira*
o cantor   *motrib, moghany*
o balé   *raqs baleeh*
a dança   *raqs*
um bailarino   *raqis*
um concerto   *haflah moseiqyah*
a sala de concerto   *qaat hafalat*
a orquestra   *orkestra, firqah moseyqyah*
o regente   *molahen, moalif moseqy*
o músico   *azef*

* * *

emocionante   *mutheer*
chato   *momil*
divertido   *momtee*
engraçado   *modhik*
agradável   *lateef*
famoso   *shaheer, mashhur*
ao vivo   *ayesh, hay*

* * *

representar   *adaa, tamseel*
aplaudir   *tasfiq*
ver   *royah, nazar*
gostar   *mojab*
empolgar   *tantiet*

NO CAMPO
FI EL BELAD

o campo   *El janeb al qatari*
uma aldeia   *qaryah*
uma vila   *ezbah, hai*
a igreja   *kanisah*
o campanário   *jaras el kanisah*
um pára-raios   *reway, uaqviatu sawakie*
o sino   *jaras*
o pastor   *qesis, Ray El kanisah*
o pároco   *kahin*
a praça   *sahah, midan*
o chafariz   *yanbow*
a prefeitura   *majlis el madinah, baladeyah*
o prefeito   *omdah, mukhtar*
uma fazenda   *mazraah*
um celeiro   *makzan ghelal*
um galpão   *saqifah*
um portão   *madkal, bawwabah*
uma ripa   *doamah*
um pilar   *safaa*
um fazendeiro   *mozaree, falah*
um camponês   *falah, soor*
um lavrador   *seyaj, haql*
uma cerca   *madakhat meyah*
um campo   *mohawil*
um poço   *jayed*
uma bomba d'água   *medkhat meyah*
* * *
um fertilizante   *asmedah*
a semente   *bezor, hbob*

um grão *habah*
um trator *jarrar*
um arado *mihras*
um gadanho *minjal*
um forcado *moftaraq*
um ancinho *ashal nar*
o solo *torbah*
a safra *jany mahsool*
a colheita *hasad*
um feixe *hezmah*
o trigo *qamh*
o milho *zorah*
o algodão *AL qotn*
a soja *fol soya*
o feijão *fol, fasulia*
a cana de açúcar *qasab sokar*
a cevada *shaer*
o lúpulo *jezour*
a aveia *qofazat*
a grama *nejeelah, oshb*

Pomar **bostan**

uma macieira *shajarat tofah*
uma ameixeira *shajarat barqoq*
uma cerejeira *shajarat karz*
uma figueira *shajarat teen*
um pessegueiro *shajarat khokh*
uma laranjeira *shajarat bortoqal*
um limoeiro *shajarat lamon*
uma bananeira *shajarat moz*
um prado *marj*
a palha *qash*
o feno *naeem*

NO CAMPO FI EL BELAD

Floresta *ghabat, heraj*
um rio *nahr*
um lago *bohayrah, berkah*
o orvalho *nada*
um charco *ahwar*
uma flor *warde*
um cogumelo *esh gorab*
o musgo *tahaleb*
um bosque *hatab, khashab*
uma árvore *shajarah*
um galho *ghosin shajarah*
uma folha *waraqat nabat*
as folhas *awraq nabatat*
o tronco *jezz*
a casca *echri*
a seiva *raheeq*
a raiz *jezoor*
o carvalho *ballot*
a nogueira *shajarat joz*
um abeto *tanoub*
um pinho *snobar*
um freixo *ramad*
um castanheiro *shagarat kestinaa*
um salgueiro *sifsaf*
um chorão *bokaa sifsaf*
um eucalipto *kalibtos*
uma moita *taren*
uma clareira *fasahah*
uma trepadeira *shagarat balah*
uma palmeira *nakhlah*
um cipó *yana*
* * *
puro *naqeyah, kalesah*

natural   *tabeey*
bonito   *jameel*
fértil   *khaseeb*
estéril   *qahel, aqeem*
seco   *nashif, jaf*
úmido   *rateeb*
silencioso   *samt, sekoot*
cultivável   *salehah lilzeraah*
solitário   *waheed*
isolado   *monazil*
doce   *helu*

* * *

cultivar   *nemou*
semear   *bazr, zeraah*
lavrar   *hars*
irrigar   *ray*
colher   *ehsud*
ceifar   *bad jany mahsol*
debulhar   *naz qeshor nabatat*
engavelar   *hazm, ilzam*
afiar   *shaz himah, sanna*

Tempo e Estações
taqs, waqt, fisol AL seni

o tempo (hora)   *waqt*
um segundo   *sanyah*
um minuto   *daqeeqah*
uma hora   *saah*
uma meia hora   *nos saah*
um relógio   *saat yad*
o ponteiro   *moasher*
o mostrador   *ard raqam*
a coroa   *reeh*

NO CAMPO FI EL BELAD

um despertador *monabeh*
uma ampulheta *saah zojajeyah*
a manhã *sobah*
a tarde *baed el zohr*
o começo *bedayah*
o fim *nehayah*
o fim da tarde, começo da noite *qabl El magreb*
a noite *leilah*
um dia *yoom, liaum*
hoje *El yoom, El nihardah*
amanhã *bokrah, gadan*
ontem *imbareh, ams*
segunda-feira *yom El etnin*
terça-feira *yom El talata*
quarta-feira *yom El arba*
quinta-feira *yom El khamees*
sexta-feira *yom El jomaah*
sábado *yom El sabt*
domingo *yom El ahad*
uma semana *asbow, usbou*
um fim de semana *nehayat esbow*
quinze dias *khamsat ashar yaom*
um mês *shahr*
janeiro *yanayer, kanon El sany*
fevereiro *fibrayer, shabat*
março *mares, azar*
abril *abril, nisan*
maio *mayo, aiar*
junho *yonyah, hozayran*
julho *yolyah, tamoz*
agosto *agostos, ab*
setembro *sebtamber, aylol*

3.500 PALAVRAS EM ÁRABE

outubro   *oktobar, teshreen El awal*
novembro   *november, teshreen El sany*
dezembro   *dezamber, kanon El awal*
a estação   *mawsim*
a primavera   *rabee*
o verão   *seef*
o outono   *kareef*
o inverno   *shetaa*
o calendário   *jadwal zamany, taqwiim*
o tempo   *waqt, taqs*
a chuva   *shetaa*
a neve   *salj*
uma nuvem   *bard*
a neblina   *dabab*
a nebulosidade   *geyoom*
o sol   *shams*
uma tempestade   *asifah*
o frio   *bard*
o calor   *hararah*
o gelo   *salj, jaleed*
uma geada   *saqee*
um arco-íris   *aqos qazaa*

***

cedo   *badry, bakkir*
tarde   *motakher*
próximo   *El taly, El jeii*
quente   *har*
frio   *bared*
gelado   *bard qares, mjaleed*
nublado   *gaeem*

***

começar   *bedayah*
acabar   *nehayah*

NO CAMPO FI EL BELAD

brilhar   *taloq, lamee*
chover   *amtar, shetaa*
nevar   *saqee*
gear   *tasree, dagt*
gelar   *tajmeed*

Animais   *hayawanat*

o galinheiro   *dawajin*
uma galinha   *dajaj bared*
o bico   *minqar*
um galo   *deek*
um pinto   *katkout, sus*
uma pomba   *hamamah*
um pato   *bat*
um ganso   *wiz*
um pavão   *tawoos*
um cisne   *bagaah, waz iraqi*
um peru   *dik roomy*
a pena   *reesh*
a penugem   *isteqrar*
a cavalariça   *establ kheel*
um cavalo   *hosan, faras*
uma égua   *farás untha*
um garanhão   *fahl*
um potro   *mohr*
o casco   *hafir*
a crina   *sabab*
o rabo   *deel*
a pastagem   *ray*
o estábulo   *masheyah, hazeerah*
o gado   *masheyah*
a vaca   *baqarah*
o touro   *thaur*

o boi   *baqr*
o bezerro   *ijl*
o chifre   *qarn*
o couro   *jild*
a pocilga   *hawafir*
um porco   *kanzeer*
uma porca   *kanzeera*
um porquinho   *kanzeer sageer*
um carneiro   *karoof*
um carneiro macho   *karoof dakar*
uma ovelha   *naajah*
o cordeiro   *hamal*
a cabra   *tais, anz*
o bode   *mezah*
o cabrito   *tifl*
um rebanho   *qatee*
o canil   *hazerat kilab*
um bicho de estimação   *hayawanat alifah*
o cachorro   *kalb*
o gato   *qot, qit*

* * *

criar   *solalah*
mugir   *sawt ali*
latir   *nobah*
cacarejar   *sarsarah, raghy*
relinchar   *saheel*
alimentar   *itaam*

Animais Selvagens
hayawanat barreyah

um macaco   *qird*
o pelo   *shaar*
um tigre   *nimr*

NO CAMPO FI EL BELAD

um leão   *usad*
a pata   *maklab*
a garra   *intezaa maklab, khilb*
a toca   *wakr, areen*
uma onça   *fahdah, onsa El fahd*
um elefante   *feel*
a tromba   *zallomah*
a presa   *faressah*
um gorila   *gorilla*
um crocodilo   *temsah*
uma girafa   *zarafah*
um urso   *dob, deb*
uma raposa   *taalab*
um lobo   *deeb, zeeb*
um camelo   *jamal*
um cervo   *gazal, zaby*
uma corça   *jild shamwah*
um veado   *hir*
uma camurça   *kamarosa*
uma lebre   *qatee*
um coelho   *arneb*
um ouriço   *qonfid, qonfoz*
um esquilo   *sinjab*
uma lontra   *qodaah*
um castor   *asmor*
um canguru   *kangro*
uma toupeira   *ameel*
um rato   *far*
uma ratazana   *firan*
uma cobra   *soban, tiban*
um pássaro   *teyuor*
uma águia   *nisr*
um falcão   *saqr*

um abutre   *nisrah*
um papagaio   *babagha*
um beija-flor   *taeer tannan*
uma coruja   *bomah*
um avestruz   *naaamah*
um rouxinol   *andaleeb*
uma andorinha   *snono*
um melro   *gorab*
um corvo   *gorab asham*
uma gaivota   *noras*
um pardal   *asfor*
uma cegonha   *laqlaq*
um pica-pau   *naqar El kashab*
um pingüim   *batreeq*
uma tartaruga   *solhefah*
um sapo   *dofdaa*
uma rã   *dofdaa*
um lagarto   *sehleyah*
uma foca   *maqfuol*
uma baleia   *hout*
um tubarão   *qirsh*
um golfinho   *dolfeen*
uma nadadeira   *masbah*
um polvo   *oktabot*
uma água-viva   *qandeel elbahr*
um peixe   *samak*
uma escama   *meqyas hajm*
um caranguejo   *saratan elbahr*
um inseto   *hasharat*
uma mosca   *zobabah*
um mosquito   *namosah*
uma abelha   *nahl*
uma colmeia   *kaleyat nahl*

NO CAMPO   FI EL BELAD

uma borboleta   *farashah*
uma mariposa   *farashah layleyah*
uma traça   *azaa ela farashah*
um besouro   *konfisaa*
uma formiga   *naml*
uma barata   *sorsar*
uma aranha   *ankabout*
uma teia de aranha   *beet ankaboot*
um gafanhoto   *jandab*
um grilo   *krekeet*
uma lesma   *bazaqa*
uma libélula   *yasoob*
um percevejo   *qaml*
uma joaninha   *dasoqah*
uma pulga   *baragees*
um piolho   *qaml*
piolhos   *siban*
um carrapato   *alamah*

* * *

selvagem   *bareyah*
manso   *tarwid*
carnívoro   *aham*
herbívoro   *jarad*
feroz   *sharis*
inofensivo   *gyer mozy, gyer dar*
traiçoeiro   *tkeyanah*
livre   *huor, horeyah*
útil   *mofeed*
nocivo   *mozy, dar*
tímido   *hayab, kajol, hay*
destemido   *koof*
peludo   *mosheer*
pesado   *saqyil*

3.500 PALAVRAS EM ÁRABE

ágil *nashat*
esperto *zaki, makar*
peçonhento *haqoud*

* * *

caçar a espreita *motaradah*
rapinar *faresah*
correr *gary, harab*
pular *qafz, nat, wasb*
voar *tayaran, safar jawan*
nadar *sebahah, woom*
rastejar *zahaf*
devorar *ilteham*
alimentar *itaam*
espreitar *kaminah*
entocar-se *gohr, hofrah*
engodar *jazb, sihr*
morder *lagah*
picar, ferroar *ieqous*
unhar *woaa*
rugir *sadah*
uivar *saqsaq*
gorjear *hadeer*

NO TRABALHO
FI EL SHOGHEL

Na Escola *fi elmadrasah*

uma escola *madrasah*
um jardim de infância *rodat atfal, hadanah*
uma escola primária *madrasah ibtedayeyah*
uma escola secundária *madrasah thanauyah*
um externato *madrasah kharijia*
um pensionato *seeod ela almadrasah, madrasah dakhiliia*
um professor *moalim, modares*
um aluno *taleb, telmiz*
a sala de aula *fasl, hojrat derasah, saf*
a lousa *sabourah, lauh*
um giz *tabshur*
o pano *mamsahah*
a esponja *esfingah, safinjah*
a escrivaninha *maktab, tawilah, trabezah, dikah, takhtah*
a mesa *tawilah*
uma cadeira *korsy*
uma lição *dars*
uma pergunta *aselah*
uma resposta *ajwebah, helol, redood*
uma opinião *raay*
um exercício *wajib madrasy, tamreen aam*
um exemplo *misal*
um problema *moshkilah*
o sentido *maana*
a solução *helool*
uma contradição *tanaqod*

uma conclusão   *kolasah, helool*
um ditado   *qawl masoor, hikmah, masal*
a pontuação   *alamat tarqeem*
um ponto   *noqta*
uma vírgula   *faslah*
um ponto de interrogação   *alamat istifham*
um erro   *galtah, kataa*
uma prova   *imtehan, iktebar*
um exame   *fahs, imtihan*
uma nota   *mozakirah, alamah*

* * *

fácil   *sahl*
difícil   *saab*
bom   *hasan, jaiyeed*
ruim   *sayee, wehish*
preguiçoso   *kasool*
trabalhador   *mowazaf mojtahid, chaghil*
distraído   *ghair muntabih*
inteligente   *zaky, jayed el zihn*
estúpido   *gaby, baleed*
compreensível   *mafhoom*
ininteligível   *ghayr mafhoom, gamid*
agitado   *qliq, modtarib*
tranqüilo   *hadee*
obediente   *taah, motee*
desobediente   *rafd, marfoud*
falador   *sersar*

* * *

entender   *fahm*
aprender   *talam*
saber   *marefah*
esquecer   *nesyan*
estudar   *mozakarah, derasah*

NO TRABALHO   FI EL SHOGHEL

significar   *manah*
concluir   *kitam*
comentar   *taleeq*
perguntar   *soaal*
responder   *ijabah*
resumir   *kolasat elqawol*
retomar, recomeçar   *istenaf el kalam*
falar   *kalam, hadees*
escutar   *istemaa*
escrever   *kitabah*
copiar   *naskh*
repetir   *iadah*

Números   *arqaam, adaad*

um   *wahid*
dois   *itneen*
três   *talatah*
quatro   *arbaah*
cinco   *khamsah*
seis   *sitah*
sete   *sabaah*
oito   *tamanyah*
nove   *tessah*
dez   *asharah*
onze   *ehdashar*
doze   *etnashar*
treze   *talatashar*
catorze   *arbatashar*
quinze   *khamastashar*
dezesseis   *setashar*
dezessete   *sabatashar*
dezoito   *tamantashar*
dezenove   *tesatashar*

vinte   *ishreen*
vinte e um   *wahid we ishreen*
vinte e nove   *tesaa we ishreen*
trinta   *talateen*
quarenta   *arbeein*
cinqüenta   *khamseen*
sessenta   *seteen*
setenta   *sabeen*
oitenta   *tamaneen*
noventa   *teseen*
cem   *meyah*
cento e um   *meyah we wahed*
duzentos   *meteen*
duzentos e um   *meteen we wahid*
trezentos   *toltomeyah*
quatrocentos   *robomeyah*
quinhentos   *komsomeyah*
seiscentos   *setomeyah*
setecentos   *sobomeyah*
oitocentos   *tomnomeyah*
novecentos   *tesomeyah*
mil   *alf*
dois mil   *alfeen*
mil e um   *alf we wahid*
mil e cem   *alf we miah*
um milhão   *milion*
um bilhão   *bilion*

* * *

o primeiro   *El awal*
o segundo   *El tany*
o terceiro   *el talit*
o quarto   *el rabee*
o quinto   *El khamis*

NO TRABALHO FI EL SHOGHEL

o sexto   *el sadis*
o sétimo   *el sabee*
o oitavo   *El tamin*
o nono   *El tasee*
o décimo   *El asher*
o décimo-primeiro   *El hady ashar*
o décimo-segundo   *El tany ashar*
o décimo-terceiro   *El talet ashar*
o vigésimo   *el eshreen*
o trigésimo   *el talateen*
o centésimo   *el meiah*

* * *

contar   *od*
adicionar   *idafah, jame*
subtrair   *tarh*
multiplicar   *modafah*
dividir   *qesmah*

Negócios
amal tojareyah, tijarah

um escritório   *maktab*
uma fábrica   *masnaa*
uma companhia   *sharekah*
uma firma   *masnaa*
um empregado   *AL mowazaf*
o patrão   *rayes, modeer*
um empresário   *sahib amal*
uma recepcionista   *mozaf isteqbal*
um trabalhador   *ameel, mowazaf*
um capataz   *ameen*
uma secretária   *sekerteer*
um gerente   *modeer*
um contador   *mohasib*

um executivo   *rayes majles idarah*
um engenheiro   *mohandes*
um advogado   *mohamy*
um corretor   *waseet*
uma nota fiscal   *fatorah*
uma máquina de escrever   *alah katibah*
um telex   *barqyah*
um computador   *haseb aly, combuotar*
uma secretária eletrónica   *jihaz radd*
um telefone   *telefon, hatif*
a venda   *bee*
um comprador   *moshtary*
um vendedor   *bayaa*
um produto   *bedaah, montajat*
um pedido   *talab, isdar*
a entrega   *isaal, taqdeem*
o entregador   *amil tawsiil*
um recibo   *talqee*
o orçamento   *mizaneyah*
a renda   *dakhl*
as despesas   *nafaqat*
o lucro   *rebh, maksab*
a perda   *kosarah*
a recessão   *kasad, rekood*
uma dívida   *dein*
uma prestação   *tawfeer, aqsat*
uma conta   *hisab*
o salário   *moratabat, ejuor*
um aumento   *irtefaa, zeyadah*
o sindicato   *itehad neqaby*
o sindicalista   *edow fe neqabah*
a greve   *idrab*
o desemprego   *betalah*

NO TRABALHO FI EL SHOGHEL

a aposentadoria *maash taqauody*
os impostos *darayeb*
a taxa de juro *ser faydah*
um empréstimo *qard*
um crédito *seqah*
uma profissão *mihnah, tejarah, wazifah*
um trabalho *wazifah, amal*
tempo integral *dawam kamil*
tempo parcial *dawam jozey*

* * *

lucrativo *arbah mojzeyah*
bruto *ijmaly*
líquido *safi*
eficiente *kafaah*
obsoleto *baleyah*
poderoso *qawi*
fraco *daeef*
duro *sab*
fácil *sahl*
perigoso *kateer*
seguro *Amin*
arriscado *mojazafah*
hábil *mahir*
desajeitado *karqaa*

* * *

trabalhar *amal, wazifah*
ganhar dinheiro *kasb mal*
instruir, formar *tadreeb, taleem*
empreender *idtelaa*
dirigir *iudeer*
criar *ekhlaq, anchaa*
crescer *nemow*
investir *istesmar*

fazer um empréstimo   *akhz qard*
emprestar   *qard*
tomar emprestado   *iqterad*
perder   *faqd, khosarah*
contratar   *iuazif*
promover   *tazeez, tashgee*
demitir-se   *etlob isteqalah*
demitir   *aati isteqalah*
fazer greve   *idrab*
poupar   *inqaz*
falir   *iflas*

A MÍDIA
ILAAM, WASAEL ELAAM

as notícias   *akhbar*
a imprensa   *sahafah*
o rádio   *radio*
a televisão   *telefezion*
um jornal   *jarayed, sahefah*
uma revista   *majallah*
uma agência de notícias   *wakalat anbaa*
um canal de televisão   *qanat telefizion*
os títulos   *anawin*
um artigo   *maqal*
uma entrevista   *moqabalah*
uma fotografia   *sorah*
uma reportagem   *taqreer*
um furo   *khabar ajel*
um editorial   *iftetaheyah*
uma crítica   *naqd*
os desenhos   *ttasmeem hazly*
os anúncios   *ilanat mabobah, elan*
a propaganda   *dayah, ilanat*
uma seção   *bab sahafi*
uma página   *safhah*
a primeira página   *safhah owla*
uma coluna   *amood*
uma assinatura   *ishtiraq*
um jornalista   *sahafi*
um repórter   *morasil sahafy*
um fotógrafo   *mosawir*
um editor   *moharir*
um programa   *birnamij*

79

3.500 PALAVRAS EM ÁRABE

uma novela *musalsal*
um seriado *mosalsal usbuee*
um comercial *ilan, diaia*
uma televisão *majmoat telifezionat*
televisão a cabo *telefizion cabl*
uma antena *hawaee*
um rádio *radio*
um produtor *montij*
o diretor *modeer*
um locutor *mozee*
um apresentador *moaqdem arad*
uma estrela *najmah*

* * *

ao vivo *mubashir*
gravado *musajal*
confiável *mowasaq*
fiel *daqiq*
verdadeiro *haqiqi*
falso *kazib, katee*
sério *kateer, na jad, haqiqi*
enganador *mokadee o modaliell*
chato *momell*
difícil *saab*
divertido *tarfeeh*
inacreditável *La yosadaq*
crítico *haraj, hasim*
engraçado *modhik*

* * *

olhar *moshahadah*
escutar *istimaa*
ler *qeraah*
escrever *kitabah*
acreditar *iteqaad*

A MÍDIA ILAAM, WASAEL ELAAM

comentar *taaleeq*
criticar *ienteqid.*
pesquisar *bahs*
investigar *tahqeeq*
entrevistar *moqabalah*
publicar *eshterik*
assinar *ishtirak*
imprimir *tebaah*
comunicar *taqreer*
emitir *isal, bass*
ligar *tashgeel, iatasil*
desligar *itfaa*

POLÍTICA
SEYASAH

o país *balad*
o estado *dawlah*
uma sociedade *mojtamaa*
o governo *hukomah*
a constituição *dustor*
uma democracia *demoqrateyah*
uma ditadura *dektatoreyah*
uma república *jamhuria*
uma monarquia *malakeyah, nizam malaky*
um império *imbraturia*
o presidente *raees*
o rei *malik*
a rainha *malikah*
um ditador *dektator*
um imperador *embrator*
um ministro *wazeer*
um partido *hizb seyasy, taefah seyaseyah*
um deputado *nayeb majlis shaab*
um senador *edow majles sheuokh*
o congresso *majles shaab*
uma minoria *aqaleyah*
uma maioria *aglabeyah*
o senado *majles AL sheoukh*
o parlamento *majles el shaab*
um líder *zaem*
um estadista *rajol dawlah*
um porta-voz *motahades bism*
um político *seyasy*
a confiança *siqah*

POLÍTICA   SEYASAH

uma lei   *qanon*
uma eleição   *intekhabat*
um eleitor   *nakhebeen*
o eleitorado   *dayerah intekhabeyah*
um cidadão   *mwatin*
um candidato   *morashah*
um discurso   *kalimah*
a esquerda   *yasar*
a direita   *yameen*
um boletim de voto   *waraqat iqteraa*
uma pesquisa de opinião   *istetlaa raie*
o poder   *soltah, taqah*
a liberdade   *horeyah*
a igualdade   *mosawah*
a desigualdade   *Adam mosawah*
a opressão   *qahr, qamm*
o ódio   *hiqd, korh*
o racismo   *onsoreyah*

* * *

extremista   *tatarofee*
tolerante   *tasamoh*
moderado   *itedal*
conservador   *mohafiz*
democrático   *demoqrateyah*
demagógico   *gawgaa*
honesto   *shareef, nazeeh*
corrupto   *fasad*
influente   *nofoz, moaser*
persuasivo   *manfaah*

* * *

governar   *hkomah*
eleger   *tasweet*
candidatar-se   *rashah nafsoh*

perder *faqd, kisarah*
ganhar *najah, fauz*
derrubar *qalab*

CRIME E CASTIGO
JARIMAH WA IQAB

a polícia   *al shortah, el bolees*
um policial   *shorty, askary*
a delegacia   *qism shortah, markaz shortah, makhfar*
a cela   *sijn*
a vítima   *daheyah*
a violência   *onf*
um criminoso   *jinayah, jarimah*
um delinqüente   *mojrim, jany*
a delinqüência   *inhiraf, jenooh*
um ladrão   *sariq, liss*
um assassino   *qateel*
um seqüestrador   *khatiff*
um refém   *rahinah, rahain*
um falsário   *mozawir*
um receptador   *seyaj, itasalam badaie masruqa*
um estuprador   *mogtasib*
um traficante   *mojrim, tajir mokaderat*
um drogado   *modmin mokaderat*
um cafetão   *qawad*
um roubo   *sirqah*
um furto   *sirqah*
um assassinato   *jarimat qatl*
um seqüestro   *khatf*
um estupro   *ightesab*
uma falsificação   *mozawer, tazeef*
uma arma   *silah, mosadas*
as algemas   *gozey, chikel*

uma ameaça *tahdeed, katar*
a prova *El dalil*
um indício *qarinah, daleel*
uma impressão digital *basamat, basmat isbaa*
um álibi *ozran*
um julgamento *mohakamah*
a justiça *qadaa, adl*
um tribunal *mahkamah*
o juiz *qady*
o advogado *mohamy*
o procurador *moday aam*
a testemunha *shahid*
o acusado *motaham*
o veredicto *qarar, hokm*
a sentença *el hokim*
a prisão *sijn*
o presídio *sijn kbeer*
o presidiário *mahkom aleeh*
o guarda *harees, shorty*
a pena de morte *eqobat AL iedaam*

* * *

impiedoso *bedon rahmah*
cruel *qaswah*
perigoso *kateer*
ameaçador *tahdded*
culpado *moznib*
inocente *baree*

* * *

roubar, furtar *sariqah*
matar *qatl*
morrer *mawt, wafah*
falsificar *tazweer*

CRIME E CASTIGO — JARIMAH WA IQAB

estuprar   *igtesab*
assassinar   *qatl*
apunhalar   *taan*
estrangular   *kanq*
fugir   *firar, harab*
prender   *ehbus*
pegar   *ilqaa qabd, iteqaal*
atirar   *itlaq nar*
resistir   *iqauim*
investigar   *haqeq*
incriminar   *tajreem*
confessar   *iteraff*
processar   *molahaqah, motaradah*
acusar   *iteham*
defender   *defaa*
julgar   *iuhkam*
condenar   *idanah*
absolver   *tabreeah*
libertar   *ifraj an motham*
escapar   *firar, ehrob*

GUERRA E PAZ
HARB WA SALAM

a guerra   *harb*
o inimigo   *adew*
um aliado   *haleef*
um exército   *jaysh*
a marinha   *qwat bahareyah*
a força aérea   *qwat jaweyah*
a bandeira   *alam, rayah*
um soldado   *jondy, askary*
um marinheiro   *bahar*
um aviador   *tayarji*
um oficial   *dabet, zabet*
um general   *jineral*
um coronel   *aqeed*
um capitão   *naqeeb, kabten*
um tenente   *molzem*
um sargento   *raqeeb*
uma batalha   *maarakah*
a estratégia   *estratejeyah, ketah*
a ofensiva   *hejom*
a defesa   *difaa*
um combate   *marakah, moharabah*
o ataque   *hijom*
a incursão   *tawaghul*
um bombardeio   *qasf*
uma emboscada   *kameen*
uma arma   *mosadas, silah*
um rifle   *bndoqeyah*
uma pistola   *mosadas*

GUERRA E PAZ HARB WA SALAM

uma metralhadora   *madfa rashash, mosadas aly*
uma bala   *rosasah*
uma granada   *qnbolah yadaweyah*
uma mina   *infejar, lagam*
um canhão   *madfaa*
uma bomba   *qazeefah*
um foguete   *qazefah sarokeyah*
um míssil   *sarokh*
um avião   *taerah*
um avião de combate   *tayarah moqatlah*
um bombardeiro   *qasf jawee*
uma bomba   *qunbolah*
um porta-aviões   *hamelat taerat*
um submarino   *gawasah*
um navio de guerra   *safinah harbeyah*
um tanque   *dabbabah*
um herói   *batal*
uma medalha   *wisam*
um desertor   *hareeb*
um traidor   *kayin*
um espião   *jasoos*
um preso   *sajeen*
uma vitória   *intesar*
uma derrota   *hazimah*
uma retirada   *tarajow, insehab*
um cessar-fogo   *waqf itlaq El naar*
uma trégua   *hodnah*
a rendição   *isteslam*
um tratado   *moahadah, itefaq*
a paz   *salam*
os mortos   *qatla*
os feridos   *jarha*

3.500 PALAVRAS EM ÁRABE

um sobrevivente *najy*
a destruição *tadmeer*
as ruínas *anqad*

* * *

sangrento *damawi*
violento *onf*
mortífero *fatakah*
desumano *gayr insaneyah*
terrível *raheeb*
medonho *mokef, shneeah, moreeah*
incondicional *gaayr mashroot*
corajoso *shujah*
covarde *jaban*
fraco *daeef*
forte *qawi*
ousado *jaree, jassor*

* * *

combater *hareb*
atacar *hijoom*
defender *defaa*
resistir *moqawmah*
atirar *itlaq nar*
enfraquecer *idaaaf*
cercar *ihatah*
derrotar *hazimah*
destruir *tadmeer*
afundar *eghraq*
massacrar *majzarah*
esmagar *sahq*
ameaçar *tahdeed*
vencer *fawz, najah*
perder *kisarah*
render-se *isteslam*

O DIA A DIA
YOOM BAD YOOM

Casa *manzil*

uma casa *beet*
um prédio *mabna*
um apartamento *shaqah*
um cortiço *bait ktir zghir*
uma favela *madenat akwakh*
o telhado *sath*
uma telha *balat*
uma antena *hawayee*
uma chaminé *madkanah*
uma ardósia *qaeemah, laeehah*
uma parede *jidar*
um tijolo *toobah, lebn*
o cimento *asmant, batun*
um bloco *qaleb toob*
o concreto *El koncreet*
a pedra *sakhrah*
uma janela *nafizah, shibak*
uma sacada *shorfah*
um vidro de janela *zojaj nafizah*
o vidro *zojaj*
uma veneziana *misraa*
a fachada *amam, wajihah amameyah*
a soleira *atabah, madkhal*
o patamar *mostawa hboot*
uma porta *bab*
um ferrolho *terbas*
uma fechadura *qifl*
uma chave *moftah*

3.500 PALAVRAS EM ÁRABE

a campainha   *jaras*
a entrada   *madkhal*
a saída   *makrag, makhraj*
a escada   *salalim, El darajat*
o corrimão   *darabzeen*
um degrau   *darajah*
um vestíbulo   *qaah, rodhah*
um corredor   *mamar, torqah*
a sala   *salon, gorfat maeeshah*
a sala de visitas   *gorfat deuoof*
a sala de jantar   *salat taam*
um quarto   *oudah, gorfah*
o escritório   *maktab*
um banheiro   *hamam, dawrat meyah*
a cozinha   *matbakh*
o porão   *tabiq sofly, dor tahtany*
o sótão   *gorfah olia, dor elowy*
o térreo   *tabiq ardy, dor tahtany*
a garagem   *miraab, garaj*
um andar   *tabiq, daur*
o teto   *sath, saqf*
o chão   *ardeyah*
o proprietário   *malik, sahib*
o inquilino   *mostajir*
o zelador   *haris*
a empregada   *kadim*

***

enorme   *dakhm*
minúsculo   *daeel, sageer*
espaçoso   *faseeh, wasee*
apertado   *mozdahem, dayeq*
escuro   *mozlim*
claro   *wadih, menawar*

chique   *zaky, aniq*

* * *

comprar   *eshteri*
vender   *baee*
alugar   *ijar*
mudar-se   *tagyeer, tahweel*

Móveis e Acessórios
asas, molhaqat

os móveis   *asas, farsh*
uma poltrona   *korsy moreeh, miqaad*
um sofá   *arikah, kanabah*
uma almofada   *mokadah*
uma espreguiçadeira   *korsy hazzaz*
uma cadeira   *korsy, miqaad*
uma cadeira de balanço   *korsy hazzaz*
um banquinho   *tawilah, tarabeezah*
uma mesa   *tarabeezah, tawilah, trabizah*
uma mesa de centro   *tarabezah*
uma estante   *dolab, kizanah*
uma biblioteca   *maktabah*
um tapete   *sijadah*
o papel de parede   *waraq haeet*
uma lareira   *mostala*
um quebra-luz   *misbah noor*
a luz   *noor, edaah, anwar*
um lustre   *misbah*
uma lâmpada elétrica   *lambah*
uma luminária   *misbah, thraya*
um interruptor   *miftah kahraba, bareeza*
uma tomada   *fishat kahraba*
uma cortina   *sitarah*
uma persiana   *shibak ama, nafizah amyaa*

3.500 PALAVRAS EM ÁRABE

um aparador   *bofeeh*
um armário   *kizanah, dolab*
um espelho   *merayah*
uma cômoda   *kazanah zat adraj, comodino*
uma gaveta   *durj*
uma cama   *sreer*
um berço   *mahd*
um criado-mudo   *tawilat sreer*
um refrigerador   *salajah, talajah*
um fogão   *mawqid*
as chapas   *lawh sakin*
um forno   *forn, mawqid*
o exaustor   *shafat*
uma máquina de lavar   *gasalah*
um lava-louça   *gasalat atbaq, gasalat sihon*
a batedeira   *kallat, khafiq*
o ferro de passar   *makwah*
os armários de parede   *kazanat*
uma pia   *majla*
uma torneira   *hanafeyah, sanboor*
o secador   *mojafif*
uma frigideira   *meqlah*
uma panela   *hellah, weaa*
um pote   *jat*
uma assadeira   *saneyah*
uma chaleira   *galayah, bree*
uma cafeteira   *makinat qahwah*
uma tábua   *qataah*
um ralador   *mabsharah*
uma caneca   *kooz*
uma concha   *majrafah*
uma espátula   *milaqah, nashabah*
um moedor   *tahonah, maframah*

um coador   *mesfeii*
um martelo   *shakosh lahmah*
um rolo   *laffaf*
um cutelo   *satoor*
uma lixeira   *zabbalah*
uma banheira   *hawd hammam*
um chuveiro   *hammam, dosh*
um lavatório   *ballah*
a privada   *dawrat meyah, qadat hammam*
o assento   *maqaad*
a tampa   *gitaa*
a bacia sanitária   *hod sihy*
o papel higiênico   *waraq hammam*
a descarga   *dafiq meyah*
o aquecimento   *taskheen meyah*
a ar condicionado   *takyeef hawaa*
o encanamento   *AL syakah*

* * *

confortável   *moreeh*
estofado   *menaged*
elétrico   *kahrabay*
quente   *har, jaw haar*
arejado   *nashif*
limpo   *nazeef*
sujo   *qzir, wesikh, motsikh*
empoeirado   *motrebah*
entupido   *masdud*

* * *

mobiliar   *taqdeem*
decorar   *tazeen*
limpar   *gaseel*
cozinhar   *tahy, tabeekh*

Família e Amigos
osrah wa asdiqaa, aelah wa ashab

o pai   *ab*
a mãe   *om*
o marido   *zaoj, goz*
a mulher   *zawjah, marah*
o filho   *walad, ibn*
a filha   *bint, ibnah*
os filhos   *atfal, awlad, eyal*
o avô   *jad*
a avó   *jadah*
o neto   *hafeed*
a neta   *hafeedah*
a tia   *amah*
o tio   *am*
a irmã   *okht*
o irmão   *akh*
o sobrinho   *ibn akh, ibn okht*
a sobrinha   *bint akh, bint okht*
o sogro   *hama, amm*
a sogra   *hamah, mart amm*
o genro   *sihr, nseeb*
a nora   *zawjat ibn*
a madrasta   *zawjat ab, mirat ab*
o padrasto   *zawj om, goz om*
um parente   *qareeb, naseeb*
um amigo   *sadiq, sahib*
um namorado   *sadiq*
uma namorada   *sadiqah*
um amante   *asheeq*
um caso   *alaqah*
o noivado   *ketobah*

o casamento *zawaj*
a noiva *arosah*
o noivo *arees*
o padrinho *rajol mofadal*
um solteiro *azab*
uma solteirona *azbaa*
uma viúva *armalah*
um viúvo *armal*
a gravidez *haml, habal*
o nascimento *weladah*
o padrinho *arrab*
um nenê *mawlood*
uma criança *tifl*
um guri *ayell*
um garoto *saby*
uma garota *bint*
um adolescente *morahiq*
um adulto *balegh*
um velho *ajoz*
uma vida *hayah*
a morte *mawt*

* * *

feliz *saeed*
infeliz *taees, mostaa*
querido *azez*
mimado *modallal*
rígido *jamid, sarim, shadeed*
bondoso *raheem*
educado *moadab*
maldoso *sayee, sherreer*
teimoso *aneed*
obediente *motee*
desobediente *gayr motee, rafid, moared*

3.500 PALAVRAS EM ÁRABE

apaixonado *atefi, beyheeb*
triste *hazeen*
amigável *wadood, sadiq*
fiel *mokless, wafi*

* * *

nascer *weladah, mawlood*
criar *tarbeyah*
amar *yeheb*
beijar *yeboos, yoqabbil*
abraçar *yhdon, yoaniq*
crescer *yakbar, yanmoo*
mimar *tnaam*
repreender *yofsid*
chorar *yabky*
rir *yadhak*
casar *tazawaj*
divorciar *talaq*
brigar *arkah, khinaqah*
enganar *mokadee, modallil, heelah, gayr mokliss*
morrer *yamoot*

LAZER
TARFEEH, AWQAT FARAG

Festas *mahrajan, haflah*
um aniversário *eed milad*
Natal *eed almeelad el majeed*
um casamento *zifaf, haflat zawaj*
o batismo *tameed*
um feriado *ajazah, otlah*
uma cerimônia *marasim haflah*
um convidado *dayf*
um presente *hedeyah*
um bolo *gatô*
um papo *mohadsah*
uma conversação *mohadsah, kalam, niqash*
uma discussão *hojah*
uma opinião *raay*
uma fofoca *namimah, qil wa qal*
uma brincadeira *mozah, hizar*
um baile *haflit raqs*
uma dança *raqsah*
um flerte *mogazalah, gazal, moaksah*
* * *
delicioso *laziz*
animado *mahboob*
barulhento *mozeej, sakhib*
formal *rasmy*
enfadonho *momill*
falador *mothades, motakalim, sersar*
divertido *motaah, marah, tasleyah*
* * *

convidar *dawah, ezomah*
celebrar *ihtefal*
apresentar *taqdeem*
reunir-se *tajmee*
festejar *ihtefalat*
fofocar *yagtaab, nammam, yathadas an el geer*
gracejar *yamzah, yehazar*
cantar *yegany*
dançar *yarqos*
brincar *yalaab*
falar *yathadas*
comer *yakol*

Esportes e Jogos
reyadah, alaab

um esporte *reyadah*
um jogo *lobah*
uma partida *mobarah*
um desportista *reyady*
o árbitro *hakam*
um jogador *laeeb*
um atleta *reyady*
um treinador *modarreb*
o treinamento *tamreen*
um campeão *batal*
uma equipe *farieeq*
um parceiro *shareek*
um torcedor *moshagee, naseer*
uma vitória *intesar*
uma derrota *hazimah*
um empate *tadol*
um recorde *raqam qeyasy*

LAZER TARFEEH, AWQAT FARAG

uma medalha *medalyah*
um perdedor *kasran, mahzoom*
um vencedor *kasban, faeez*
o campeonato *betolah*
o torneio *cas albetolah*
a temporada *mawsim*
o gol *hadaf, gool*
o goleiro *haris marma, haris*
a bola *korah*
o estádio *malaab*
o campo *midan*
um ginásio *markaz reyady, salah reyadeyah*
um trampolim *noqtat intelaq*
uma argola *halaqah*
um peso *wazn, siql*
um haltere *jaras*
as paralelas *tawazi, motawazeen*
a barra fixa *ardah*
uma corda *habl*
uma quadra *morabaa*
uma pista *ardeyah*
um ringue *halaqah*
uma rede *shabakah*
uma raquete *madrab*
o serviço *khadamat*
o futebol *korat qadam*
o tênis *teniss*
o vôlei *korat yad, volley bool*
o basquete *korat sallah*
o golfe *golf*
o squash *eskewash*
a natação *sibahah*
o atletismo *alaab qwaa*

3.500 PALAVRAS EM ÁRABE

a ginástica   *qat reyadat AL jobaz*
o boxe   *molakamah*
o ciclismo   *sibaq darrajat*
as corridas   *sibaq, jary*
uma corrida   *garyy*
um salto   *qafz*
o playground   *sahah, malaab*
a gangorra   *morjeehah, orjuohah*
o balanço   *mizan*
o carrossel   *sibaq sayarat*
o tobogã   *tazahloq*
a areia   *remaal*
a pá   *nasl, majrafah*
o ancinho   *rafch liltaknees*
o balde   *dalu*
a pá de cavar   *tashkeel qalib*
a forma   *tabee*
um carrinho de mão   *haneen El yadd*
um banco   *masraf*
uma piscina   *berka lil sebahah*
o jogo de damas   *lobat AL sayedah*
a dama   *lobat al malikah*
o xadrez   *shataranj*
o rei   *lobat el malik*
a rainha, a dama   *malikah*
a torre   *borj*
o bispo   *motran*
o cavalo   *hosan*
o peão   *raheenah*
o tabuleiro   *roqaat el shataranj*
as cartas   *kotshenah, bitaqat, al uaraq*
o valete   *el wagd*
o ás   *ass*

LAZER TARFEEH, AWQAT FARAG

ouros *almas, dineri*
copas *Taj el qalb, kubba*
paus *El tawadi, sbat*
espadas *bistauni*
as palavras cruzadas *taqatoo*
um trocadilho *lobat El kalimat*
uma charada *algaaz*
um quebra-cabeça *lobat El zahr, El tawlah*
os dados *el zaher*

* * *

rápido *saree*
veloz *besoraah*
forte *qawi*
vigoroso *bequwah*
fora de forma *shakl*
cansado *taban, morhaq*
fácil *sahl, saab*
difícil *saab, aseer*
invicto *hazeemah*
violento *aneef*
excitante *moseer*
ferido *majruh*
esgotado *istenfaad*
duro *qasy, saab*
afortunado *mahzooz*

* * *

correr *jary*
saltar *qafz, wasb*
pegar *ilteqat, imsaak*
puxar *sahb*
empurrar *dafee*
jogar, lançar *badee laeeb*
bater *darb, ilqaa*

3.500 PALAVRAS EM ÁRABE

jogar   *laeeb*
cair   *seqoot, weqow*
competir   *ietnafas*
desafiar   *tahady*
dominar   *saytarah*
marcar   *tasjeel*
vencer   *fawz*
perder   *hazimah*
vaiar   *seyah*
aclamar   *hetaaf*
empatar   *ietaadal*
treinar   *tadreeb*
praticar   *momarasah*

SAÚDE
SEHAH

Corpo jism, jasad

a cabeça   *raas, demagh*
o cérebro   *mokh, aql*
o cabelo   *shaar*
um cacho   *tajaeed, ithkal shaar*
uma mecha   *qafl semamat, khuslat shaar*
a risca   *bil zabt*
o coque   *sadmah*
um rabicho   *zayl hosan*
uma trança   *shareet*
a barba   *zaqn, lehyah*
um bigode   *shareb, shanab*
uma orelha   *ozon, wedan*
a testa   *jabhah, gbeen, qowrah*
um olho   *eyn*
os olhos   *eyoon*
a sobrancelha   *hawajib*
o cílio   *remosh*
a pálpebra   *jifoon*
a pupila   *nin*
a íris   *qazaheyah*
o nariz   *anf, manakheer*
a narina   *fathatay el anf*
a boca   *hanak, noq, fam*
o lábio   *shafayif, shifah*
um dente   *sinah*
os dentes   *asnan*
a gengiva   *lassah, neeri*
a língua   *lisan*

105

3.500 PALAVRAS EM ÁRABE

o paladar *hanak*
a bochecha *khad*
o queixo *zaqn*
o maxilar *fak*
o rosto *wajh, wish*
a cor da pele *lon El bashrah*
uma cicatriz *nadbah, bathah*
uma espinha *shokah*
uma covinha *nuqra*
uma ruga *adimmil, habayah*
um traço *tajaeed*
o pescoço *raqabah*
a garganta *zoor, halq*
o pomo de Adão *tefahat adam*
a nuca *qafa, moakherat el onoq min el raqabah*
o tronco *jezee*
os ombros *aktaff*
a axila *ibet*
o peito *sadr, sady*
o seio *tagweef, sady, bezaz*
o mamilo *halamah*
as costas *zahr, dahr, kalf*
a coluna *amood faqry*
uma costela *adlaa*
a barriga *batn*
o umbigo *sorrah*
o traseiro *kalfeyah, teez*
uma nádega *radaf*
a cintura *kasr, wasat, hizam kasr*
o quadril *wirk*
a virilha *fakz*
um braço *ziraa*

SAÚDE SEHAH

o cotovelo *kouw*
o antebraço *saeed*
o pulso *rasagh*
a mão *yad, aydee*
a palma *kaf*
o dedo *osbaa*
o polegar *mafasil*
a articulação *mafasil, ezaam ala izaam*
um osso *izaam*
a unha *azafir*
o punho *qabdah*
a perna *arjol, rijl, saq*
a coxa *fakz*
o joelho *rokbah*
o jarrete *arqowb*
a rótula *El radhqa*
a barriga da perna *batn el rijl, batn el saq*
a canela *qarfasah*
o tornozelo *kahill*
o pé *qadam*
o dedo do pé *asabee qadam*
os pés *aqdaam*
o calcanhar *moakerah, sanabik*
a planta do pé *batin El qadam*
o coração *qalb*
os pulmões *reateen*
o fígado *kabid*
o rim *kolaa*
o estômago *maedah*
o intestino *amaa*
a pele *jild, bashrah*
a carne *lahm*
um músculo *adalat*

3.500 PALAVRAS EM ÁRABE

uma veia *wareed*
uma artéria *shoryan*
o sangue *dam, demaa*
um nervo *aasaab*

* * *

loiro *ashqar*
moreno *asmar*
ruivo *ahmar*
cacheado *shar mojaad, shar halazony, shar lawlaby*
careca *aslaa, aqraa*
cabeludo *mosheer*
enrugado *tajaeed, mojaad*
liso *saless*
alto *tawil, aali*
baixo *qaseer, monkhafid*
musculoso *jism reyadi, andoh adalat, adalat jasad qaweyah*
esbelto *morhaq, daeel*
forte *qawi*
fraco *daeef*
gordo *tekheen*
magro *rafee, naheef*
teso *dohny*
flexível *raqiq, sahl*
feio *qabeeh*
bonito *jameel*

* * *

respirar *tanafoos*
bater *darab, nabd, khafaqan*
crescer *yakbar, yanmoo*
engolir *ibtelaa*
digerir *taqowd, yasooq*

SAÚDE SEHAH

Doenças amrad

um médico *tabeeb, dktoor*
um cirurgião *jarah*
um dentista *tabeeb asnan*
uma consulta *tabeeb isteshary*
um especialista *tabeeb motakases, iktesaay*
um paciente *mareed*
uma enfermeira *momaredah, tamarjeyah*
uma doença *marad*
a dor *alam, wajaa*
um resfriado *nazlat bard, rashah*
uma gripe *infelwanza*
uma febre *homma*
uma convulsão *tashanoj*
uma náusea *gasayan*
uma infeção *adwa, iltehab*
um corte *jarh*
uma queimadura *harq*
uma inflamação *iltehab*
uma fratura *ksoor izam*
uma ferida *jerooh, isabat*
um arranhão *safraaa*
um deslocamento *iltewaa*
uma irritação *taheej, awjaa faziaah*
um micróbio *jaraseem*
um vírus *vairos*
uma epidemia *wabaa*
uma tosse *soaal*
uma contusão *kadamat*
um envenenamento *tasamom*
a prisão de ventre *imsaak*
a insônia *foqdan El noom*
uma cãibra *tamazoq, tashanukh*

o câncer *saratan*
um transplante *zerat adaa, naql adaa*
a contracepção *man haml*
o aborto *ijhaad*
uma operação *amaleyah*
uma injeção *hoqnah*
uma vacina *liqaah, tateem*
uma cárie *tasaws asnan*
uma obturação *hashow, mal saad, sad faragat El asnan.*
uma dentadura *deroos*
a broca *hafr*
uma extração *intezaa, istekraj, istesal*
a prescrição *wasfah*
um remédio *dawaa, adweyah, aqaqeer*
a cura *ilaj, shifaa*
a recuperação *inteash, inayah morakazah, gorfat inaash*
uma maca *naqalah*
uma cadeira de rodas *korsy motaharik*
o hospital *mostashfa, masahah*
um seguro *tameen*

* * *

doente *mareed, marda*
saudável *sehy, saleem*
contagioso *modey, ilteqat adwa*
incurável *marad La shifaa minho*
curável *marad qabel lilshefaa*
grave *kateer*
benigno *hameed, khafeef*
mortal *marad fatak, marad qatel*
cansativo *taab, morhiq, moteeb*
esgotado *istenfaz*

postiço   *kazib, katee*

* * *

melhorar   *tahasson*
piorar   *tagyeer lilaswaa*
sarar   *shifaa, isterdad sehah, isterdad afeyah*
vomitar   *qee, tarashan, tarjee*
desmaiar   *igmaa*
tossir   *soaal*
espirrar   *atsan*
fungar   *sham, istenshaq*
doer   *shoor be jeroh, isabat, alam*
tirar   *intezaa*
operar   *ijraa amaleyah*
examinar   *ijraa fhosat, amal tahaleel*
tratar   *ilaj*
cuidar   *enayah, reayah*
sentir   *an tashoor, ihsas*

Acidentes e Morte   *hawades wa maowt, wafah*

um acidente, um desastre   *hadsah, karsah*
uma catástrofe   *karsah*
uma explosão   *infejar*
um incêndio, um fogo   *hareeq*
a chama   *sholat lahab*
um afogamento   *garaq, gareeq, garqaan*
um desmoronamento   *inheyar*
uma inundação   *afayadan*
um terremoto   *zilzal, zalazil*
um ciclone   *isaar, aaseer*
uma tempestade   *asifah, awasif*
os desabrigados   *motasharedeen, bela mawaa*
um sobrevivente   *najeen*

3.500 PALAVRAS EM ÁRABE

uma vítima   *dahiah*
o salvamento   *enqaz*
o salvador   *monqiz*
um salva-vidas   *monqiz hayah*
um bombeiro   *itfaee, rajul elitfa*
as ruínas   *inqaz*
os destroços, os escombros   *andad*
um cadáver   *josah*
um esqueleto   *yakal azmy*
um túmulo   *taboot*
um caixão   *maqbarah, kafan, jabanah*
um cemitério   *mqaber, mdafin, jabanat*

* * *

acidental   *kawaris*
catastrófico   *karisah azimah*
explosível   *motafajir*
violento   *onf*
imprevisível   *tanaboaat*
trágico   *masaah, fajeah*
desastroso   *karesah, wakhimah, karisah washikat AL weqoo*

* * *

explodir   *tafjeer, infjar*
desmoronar   *inheyar*
inundar   *fayadan, gamr belimiah*
salvar   *inqaz*
queimar   *hareeq*
destruir   *iudamir*
colidir   *iedrib*
destroçar   *hotaam*

Sentidos   *hawas*

a visão   *basar, ibsaar*

SAÚDE SEHAH

a luz   *dow, noor*
a escuridão   *zalam, atmah*
a sombra   *kayal, dell, zill*
a ofuscação   *tateem*
o deslumbramento   *ibhar*
o brilho   *setoow*
o contraste   *motanaqid*
as cores   *alwan*
o preto   *aswad*
o branco   *abyad*
o azul   *azraq*
o vermelho   *ahmar*
o verde   *akhdar*
o amarelo   *asfar*
o marrom   *bonny*
o cinza   *ramady*
o roxo   *orjwany, banafsajy*
a miopia   *qisar al nazar*
a presbiopia   *bood nazar fima baad el shaykhokah*
a cegueira   *amaa, foqdan elbasar*
o daltonismo   *ama alwan*
os óculos   *nazzarah, nazzarat*
uma lente de contato   *adasat*
a audição   *samaa*
o silêncio   *samt*
um barulho   *dawdaa, dajeej*
um som   *soot, saut*
o farfalhar   *amaleyah khafeefah*
o sussurro, um murmúrio   *hams, soot khafid, soot waty*
uma algazarra   *hams, tamawj sawty*
um grito   *sorakh*

113

um assobio *safeer*
um estrondo *sawt jaheer*
a surdez *samam, tarash, Adam samaa*
a mudez *kharas*
o tato *lams*
uma carícia *modaabah, hizar, mulatafa*
um empurrão *daf, zaq*
um aperto de mão *mosafahah*
um abraço *hodn, inaq, moanaqah*
um golpe *darb, saktah demageyah*
uma bofetada *darb, safaah*
uma tapinha *tashgee*
o olfato *sham, rayehah*
um perfume *etr, etowr*
um cheiro *raehah natenah, natanah*
um fedor *natanah, raeehah sayeaah*
o gosto *tazawq*
um sabor *taam*
uma delícia *nakhah lazizah*
o amargor *maraar*
a doçura *helow, halawah*
a insipidez *tafahah, sabat*
o gosto azedo *hmowdah*

* * *

luminoso *norr satee, daw satee*
escuro *zalam*
brilhante *moshriq, satee*
cego *aama*
caolho *aawar*
visível *wadih lilaayan*
invisível *gayr marey*
surdo *samam, tarash*
mudo *akhras*

SAÚDE SEHAH

alto   *aali, sakhib*
baixo   *waty*
silencioso   *hedow*
ensurdecedor   *samam El ozon*
barulhento   *mozeej*
audível   *masmoow*
inaudível   *sakhib*
fedorento   *kareeh El raeehah*
perfumado   *motaar, raehah tayebah*
cheiroso   *zo raeyhah taiebah*
macio   *naeem, laieen*
áspero   *qasy*
liso   *saliss*
duro   *qasy*
frio   *bard, bareed*
quente   *dafee, haar, sakhin*
saboroso   *taiib*
doce   *helow*
amargo   *morr*
salgado   *malih, haddaq, mimalah*
apimentado   *haar*
azedo   *hemdy*
delicioso   *laziz*

* * *

ver   *royah, nazar*
olhar   *moshahadah, nazar*
fitar   *moshahadah*
piscar   *ghamiz*
brilhar   *taloq, bareeq*
cintilar   *wameed, ramsh*
enxergar   *tara, tameez ashyaa bilnazar*
ouvir   *istemaa*
escutar   *isgaa*

115

gritar   *sorakh besawt aali*
berrar   *sorakh*
trovejar   *raad*
assobiar   *safirat mobarah, safeer*
tocar   *lams*
acariciar   *olfah*
apertar   *tazahloq, daght*
agarrar   *tamassok*
golpear, bater   *idrab*
cheirar   *sham*
feder   *raehah natinah*
saborear   *tazawq*
salgar   *malhy wad malh, tamleeh*
temperar   *wad tawabil*
adoçar   *tahleyah*
azedar   *araq*
amargar   *takdeer*

Coração e Mente   *qalb ua aql*

um sentimento   *ihsas, showr*
o amor   *hob*
a ternura   *reqah*
a compaixão   *rahmah, tatoof, shafaqah*
a bondade   *teebah*
a maldade   *sharr*
o ódio   *hiqd, karaheyah*
o ciúme   *gheerah*
a inveja   *hassad*
o orgulho   *fakhr, iftekhar*
a vaidade   *groor*
a vontade   *raghbah*
a sabedoria   *hikmah*
a raiva   *ghadab, gheez*

SAÚDE SEHAH

a serenidade *safaa, hidoow*
o espírito *el rooh*
a inteligência *zakaa*
a imaginação *khayal*
a estupidez *hamaqah, ghabaa*
o egoísmo *ananeyah*
a generosidade *karam*
uma qualidade *jawdah*
um defeito *aieeb, khataa*
a intolerância *Adam tasamoh, tassob*
a coragem *shagaah*
a mesquinharia *khisah, nadalah*
a hipocrisia *nifaq*
a lealdade *walaa*
a sensibilidade *hasaseyah*
o entusiasmo *hamas*
a felicidade *saadah*
a tristeza *hozn*
o desespero *taas*
o desprezo *izderaa, ihtiqaar*
a amizade *sadaqah*
a inimizade *adawah*
o otimismo *tafaowl*
o pessimismo *tashaoom*
a angústia *qalaq*
o medo *khauof*

* * *

amado *mahboob*
terno *mahabah, ataa*
bom *hasn, mlih*
mau *ashrar, sayeah*
odioso *bagheed, makrooh*
ciumento *gayour, hasoud*

orgulhoso   *moftakhir*
vaidoso   *habaa*
sábio   *hakeem*
raivoso   *ghadeeb, ghadban*
espirituoso   *baree*
inteligente   *zaky*
imaginativo   *khayali*
estúpido   *ghaby, sakheef*
egoísta   *anany*
generoso   *kareem, sakhy*
intolerante   *ghayr motasamih*
corajoso   *shogaa, shagaah*
mesquinho   *bakheel*
hipócrita   *monafiq*
leal   *walaa, mouali*
sensível   *hassas*
entusiasta   *motahamiss*
feliz   *saeed*
triste   *hazeen, yaees*
desesperado   *faqid el amal*
desprezível   *haqeer, danee*
amigável   *sadiiq*
inimigo   *moady*
otimista   *motafaeel*
pessimista   *motashaeem*
angustiado   *mankoob*
amedrontado   *kawaf*

* * *

amar   *iuheb*
gostar   *mojab*
odiar   *yakrah*
sentir   *yahiss, yashoor*
temer   *yakhaaf*

SAÚDE SEHAH

desejar *yoreed, yatamanna*
confiar *yasiq*
mentir *yakzib*
enganar *yakzib, yokhadee*
amedrontar *heelah, khidaa*

PALAVRAS ÚTEIS
KALIMAT MUFIDA

sim   *naam*
não   *laa*
talvez   *ihtemaal, robama*
porque?   *Leeh, leesh, limaza*
porque   *alashan, min ajl*
quanto   *bikaam*
quantos   *kam addad*
desde   *monz*
muito   *kteer*
muitos   *al kaseer*
pouco   *qalil*
mais   *aktar, aksar, kaman*
bastante   *kefayah, kafi, yakfi*
quando   *metta, emtah*
antes   *qabl*
depois   *baad*
já   *halan, delwaqty, alheen*
nunca   *abadan*
sempre   *ala tool, ela el abad*
muitas vezes   *galiban*
agora   *elaan, elheen, delwaqty*
entre   *been*
detrás   *kalf, wara*
debaixo   *taht*
sob   *ma taht*
por cima   *aala, fawq*
ao lado   *bejaneeb*
através   *khelal*
perto   *qareeb*

PALAVRAS ÚTEIS   KALIMAT MUFIDA

longe   *baeed*
para cima   *ela alaala*
para baixo   *ela asfal*
diante de   *amam, qodam*
sobre   *ala*
em   *fi*
dentro   *dakhil, gowah*
fora   *kharij, barrah*
aqui   *hina*
lá   *hinak*
com   *maa*
sem   *bedon, doon*
até   *hatta*
mais   *aktar, aksar, elmazeed, kaman*
menos   *aqal*

* * *

grosso   *sameek, tekheen, areed*
fino   *rafee*
gordo   *tekheen*
magro   *rafee*
vazio   *fady, khaly, farigh*
cheio   *moktamil, malian, kamil*
pesado   *teqeel, saqeel*
leve   *khafeef, raqeeq*
largo   *areed*
estreito   *mostaqeem, madowl*
comprido   *taweel*
curto   *qaseer*
alto   *aali*
baixo   *wati, monkhafid*
alto (estatura)   *tawill*
baixo (estatura)   *qasiir*
fundo   *ameeq, ghaweet*

raso *khalfeyah amiqah, munkhafeed*
aberto *maftooh*
fechado *moghlaq, maqfool*
vertical *rasy, amoody*
horizontal *ofoqi*
afiada *haad, warb*
embotada *sareeh*
entalhado *manqoosh*
em relevo *Fe ighasah*
pontudo *isharah, yoshawer*
obtuso *baleed*
liso *kham, naeem*
áspero *haad*
íngreme *shaqah taeerah*
plano *khotah*
cedo *badry, awaeel*
tarde *motakher*

* * *

bom dia *sabah el kheer*
boa tarde *massa el kheer*
boa noite *massa El kheer*
boa noite (antes de dormir) *laylah tayebah, tesbah ala kheer*

* * *

por favor *min fadlak, lawsamaht*
obrigado *shokran*
de nada *tekram*

* * *

com licença *afowan, ozran*
desculpe *asif, asfah*
até logo *ela aliqaa, ma elsalamah*

Conheça também outros livros da série:

Este livro foi composto na fonte Sauna e
impresso em julho de 2009 pela Prol Gráfica Ltda.,
sobre papel offset 90g/m².